MANUAL DE **RELACIONAMENTO COM O CLIENTE**

Como construir parcerias duradouras e transformar clientes em fãs do seu negócio

Presidente:
Mauricio Sita

Capa e diagramação:
Cândido Ferreira Jr.

Revisão:
Ivani Rezende e Gisele Giornes

Gerente de Projetos:
Gleide Santos

Diretora de Operações:
Alessandra Ksenhuck

Diretora Executiva:
Julyana Rosa

Relacionamento com o cliente:
Claudia Pires

Impressão:
Rotermund

Dados Internacionais de Catalogação na Publicação (CIP)
(Câmara Brasileira do Livro, SP, Brasil)

Manual de relacionamento com o cliente : como construir parcerias duradouras e transformar clientes em fãs do seu negócio. -- São Paulo : Editora Ser Mais, 2016.

Vários autores.
ISBN 978-85-9455-000-2

1. Clientes - Contatos 2. Clientes - Satisfação 3. Marketing 4. Marketing de relacionamento 5. Vendas.

16-03807 CDD-658.812

Índices para catálogo sistemático:

1. Clientes : Marketing de relacionamento : Administração de empresas 658.812

Editora Ser Mais Ltda
Rua Antônio Augusto Covello, 472 – Vila Mariana – São Paulo, SP
CEP 01550-060
Fone/fax: (0**11) 2659-0968
site: www.editorasermais.com.br
e-mail: contato@revistasermais.com.br

Sumário

Sumário

1

“Arrumando a Casa”

Rumo ao sucesso no relacionamento com seu cliente

“O maior *GAP* hoje nas organizações: liderança e desenvolvimento ineficiente em sua ‘gestão de pessoas’. A eficácia do processo se completa com pessoas, comprometidas, engajadas, comunicação transparente, processos de inovação e olhar permanente para o quinto P: ‘pessoas’”

Adriane Yared

Adriane Yared

Bacharel em Propaganda e *Marketing*, *MBA* em *Trends & Innovation* e Pós-*MBA* em *Design Thinking* e Membro da Sociedade Brasileira de Coaching. Tem 20 anos de experiência na área comercial, é *Coach*, Palestrante, Mentora em vendas com foco no relacionamento com o cliente e colunista na Revista Coach ME, sua coluna "Fidelização – A essência da Venda".

Contatos
adrianeyaredamin@hotmail.com
https://www.facebook.com/Adriane-Yared-Coach-Vendas-946222648745532/?ref=aymt_homepage_panel
https://br.linkedin.com/in/adriane-yared-62607921
(19) 98321-2225 (WhatsApp)
(19) 99259-5713
(19) 3295-2601

Sempre que iniciamos uma discussão sobre o tema relacionamento com o cliente, a primeira coisa em que pensamos é como atrair, reter e fidelizar nosso consumidor. Não é mesmo? Colocamos como pilar principal e regulador o que podemos fazer de melhor para atender às necessidades, deixando-o satisfeito, na qualidade de produtos/serviços, na distribuição e na divulgação no mercado.

Uma provocação: Quais estratégias foram pensadas e direcionadas? Quem executará as habilidades e ações? O maior *GAP* nas organizações atualmente está no desenvolvimento ineficiente na "Gestão de Pessoas". Segundo o consultor em estratégias e gestão de pessoas da Endeavor, Daniel Castello, ninguém cresce sozinho. Portanto, faz parte do conceito de liderança a capacidade de influenciar um grupo na direção da visão pretendida e do objetivo estabelecido, influenciando, motivando e habilitando para que contribua na eficácia e no sucesso do que se propusera a realizar.

O desenvolvimento de pessoas é o melhor investimento para uma organização, pois haverá uma sensível melhora nos resultados, na inovação e na motivação.

As organizações teriam sua maior eficiência na atração, retenção e fidelização de seus clientes se contassem com pessoas comprometidas e engajadas no processo rumo ao objetivo comum, mantendo uma vasta vantagem competitiva no mercado atual.

Antes de prosseguir com o tema, gostaria de compartilhar um ponto que achei interessante em uma de minhas aulas no Pós-MBA, na qual a professora e especialista em Recursos Humanos Ana Marchi propôs alteração na nomenclatura Gestão de Pessoas por Gestão de Capital Humano. Sabemos que pessoas são um recurso ingerenciável, logo a gestão de pessoas é mais difícil. Na gestão de capital humano, gerenciamos processos, isto é, o uso que fazemos do capital humano.

A gestão de pessoas é um termo discutido atualmente, porém com interpretações e ações nada assertivas. Vemos muitas organizações que insistem em soluções focadas apenas na satisfação do cliente, com ações básicas em seu atendimento, mantendo-se inertes perante a engrenagem essencial que faz a máquina permanecer em funcionamento. É esta peça a sua linha de frente, seu cartão de visitas, aquela que interage, atende e soluciona a verdadeira necessidade dos clientes. No entanto,esquecem que as pessoas mudam e seus líderes precisam mudar junto. Hoje sabemos que as pessoas pedem demissão de seus chefes e não das empresas propriamente ditas, por isso há este desencaixe contínuo.

Estamos num novo mundo e em constante reconfiguração. Vemos empresas reclamarem da falta de pessoas capacitadas e pessoas reclamarem da falta de boas empresas. A maioria de seus líderes pode até fazer a entrega de resultados a curto e médio prazo, porém deixa um rastro de sangue pelo caminho. Atestamos, enfim, que o mercado atual tem extrema dificuldade no que diz respeito ao desenvolvimento de novos líderes. Ele nos dá inúmeras técnicas de liderança, mas não possui nenhuma que estuda a natureza humana. A importância na gestão de pessoas reflete no relacionamento com os clientes.

O insistente atendimento cordial aos clientes mantém as organizações com foco centralizado na qualidade de seus produtos/serviços, nas pesquisas de novos produtos e na cobrança em relação à alta *performance* de seus colaboradores. Mas não os escutam, entendem ou valorizam. Colocam líderes despreparados, sem desenvolvimento de competências essenciais para orientar e engajar seus liderados, mantendo-se na visão de túnel, que os limita a enxergar apenas o cliente e o resultado esperado: a maximização de lucros, esquecendo a organização como um todo.

Será mesmo que esta visão basta para o sucesso? Acredito que não. Tal definição só faz com que as organizações patinem e sigam o velho e conhecido ditado popular:"Um tiro no próprio pé". Perdem tempo se preocupando com justificativas sobre a ineficiência de seus líderes, culpam seus colaboradores, clientes ou mercado concorrente, pois não conseguem identificar que seus gestores não deram atenção à preciosa engrenagem da máquina, "as pessoas". Por isso, muitas organizações, que chegaram ao topo, estão estagnadas ou sendo engolidas pelo mercado.

Para chegar ao resultado esperado, é necessário passar por cinco pontos essenciais: foco, planejamento, ação, melhoria contínua e resultado. De que adianta termos foco e não termos um planejamento eficiente ou tê-lo e traçar ações sem saber como e quem irá executá-las?

É necessária uma melhoria contínua no processo de engajamento dos colaboradores para que não sejam dados tiros no escuro e que o processo não retarde ou acabe com a organização no meio do trajeto.

A grande sacada do relacionamento com o cliente está atrelado a arrumar a própria casa. Gestores e empreendedores devem condicionar a alta *performance* de seu cérebro ao trabalho efetivo em sua gestão de capital humano para atingir resultados e não ao contrário. Olhando para fortes tendências instaladas em nosso dia a dia, vemos que os clientes são mais exigentes, seletivos, principalmente no que se refere à escolha de seus prestadores de serviços e produtos. Buscam cada vez mais excelência em sua qualidade, respeito a seus direitos como consumidores e, no fim do processo, a excelência no atendimento pré e pós-venda.

É notória que a construção do relacionamento ideal não é uma tarefa fácil. Se partimos do princípio de que pessoas e necessidades são diferentes, é a organização que precisa encontrar o ponto de equilíbrio para a harmonia. Como iniciar esse processo? Atuando junto às equipes, capacitando seus líderes, para que sejam inovadores, utilizando o conceito da cocriação, colaboração, *empowerment* e engajamento.

Quando chegamos a um balcão de atendimento, somos maltratados e incompreendidos. A maioria dos atendentes acha que o cliente tem a obrigação de saber exatamente o que quer, onde encontrar e o conhecimento pleno sobre o manuseio e características do produto ou serviço.

Como clientes, somos vistos como uma peça desagregada do tabuleiro da empresa. O comprometimento do profissional se resume em apenas cumprir seu horário de trabalho e retornar para casa, permanecendo nesta trajetória esquecendo-se de uma importante reflexão: a máquina se mantém em funcionamento através dos clientes. Sem eles, a máquina se extingue. Um erro fatal, não é mesmo? A quem atribuímos a culpa? Em nossos colaboradores. Correto? Não. Somente ao colaborador, que não exerce corretamente sua função.

O erro é dos gestores, que não souberam ter líderes ou ser líderes. Faltou transparência na comunicação, deixando claro ao colaborador o verdadeiro propósito da organização. Não orientaram, treinaram, desenvolveram ou engajaram sua equipe.

Trabalhar a qualidade intrínseca dos indivíduos, fazer planejamentos de pequenas ações, criar mapas de percurso, treinar e desenvolver líderes não é tarefa fácil.

Como e quem avalia o processo de satisfação ou insatisfação dos clientes? Como garantir a fidelização de nossas marcas se não sabemos a real situação do atendimento? Quais atitudes nossos líderes tomam para a solução do problema?

A grande diferença entre o fracasso e o sucesso das organizações está na escolha de seus líderes. As organizações aceitam que empresas terceirizadas conduzam o processo e se responsabilizem pela marca, da forma que acharem melhor, permanecendo fora da realidade, sem a visão sistêmica e sem controle de como sua imagem está sendo percebida no mercado, acarretando dia a dia o achatamento da fatia de clientes.

Neste mundo pós-moderno, vemos a existência de uma sociedade que está cercada por uma infinidade de produtos e serviços à disposição dos compradores. As organizações devem ser protagonistas dessas relações de consumo, conhecer e compreender o ser humano e suas atitudes de uma forma profunda, cocriar soluções e experimentar, antes que seja tarde para modificar e ajustar o processo no contexto em que vivemos.

Não queremos conduzir nossos negócios com base na intuição ou inspiração nem confiar demais na racionalização, que já mostrou ser um caminho também perigoso. Tim Brown, CEO da Ideo, decreta o fim das velhas ideias e vem nos propor um terceiro caminho, o *Design Thinking*.

Tim Brown defende que o *Design Thinking* é aplicado para a construção de serviços impactantes, sustentáveis e inovadores para nossos clientes. Ele não é design de estilista e sim de pensamentos de *design*, para dar vida às ideias e ser utilizado em qualquer cenário social ou de negócio.

Para Tennyson Pinheiro, o *Design Thinking* é sobre pessoas, ou seja, compreender e trazer à tona o que as coisas significam para elas e, assim, projetar ofertas melhores em suas mentes. Endereçar o problema com olhar contagiado pela perspectiva de quem enfrenta o problema todos os dias. Para o *marketing*, é a segunda reviravolta de sua história, o elo perdido da equação de relevância. O quinto "P": Pessoas. Um método prático e criativo nas soluções de problemas, visando a resultados futuros, priorizando o trabalho colaborativo com equipes multidisciplinares. O processo está dividido em várias etapas: imersão, análise e síntese, ideação, prototipação e ajustes finais.

***CASE*:** o Hotel X tem seu problema central na ocupação mínima do SPA por seus hóspedes, principalmente nos horários diurnos e nos finais de semana.

Para difusão do serviço aos seus hóspedes, o Hotel X divulga a área em suas demais dependências, tais como salas de reuniões, restaurantes, clientes fiéis ao hotel, ofertando *Voucher* do SPA.

Problema apresentado para solução: como elevar taxas de utilização em seu SPA aos hóspedes e abrir prospecção aos não-hóspedes? Uma equipe multidisciplinar de *designers* se reúne para uma imersão, vivenciando o processo, visitando as dependências do Hotel X, entrevistando pessoas, alinhando seu repertório. Através da empatia, aproxima-se do problema para entendê-lo a partir das mais diversas perspectivas e pontos de vistas. Após a coleta de dados e já com a criação automática de *insights*, detecta pontos positivos, negativos e possíveis soluções. Foram descobertos ambientes frios e desestruturados, funcionários mal preparados, salas sem utilização e com espaços valiosos não aproveitados. Seus usuários não eram desligados do mundo urbano, nada de jardins ou simbologia de natureza. Enfim, sem nenhuma experiência de compra, outra forte tendência atual, que despertasse o desejo pelo serviço.

O segundo passo da equipe foi a detecção de Personas. Quais públicos/ usuários teriam interesse pelos serviços do Hotel X? Seu consumo seria por necessidade ou desejo? A tecnologia é importante? Faixa etária, profissão, estado civil, gostos e desgostos são algumas das perguntas a serem respondidas na imersão.

A equipe trabalha agora no sistema de duplo diamante e detecta alguns usuários que, prospectados, trariam o retorno pretendido para o Hotel X. Personas: executivos(as), principalmente os fora da cidade, idosos, forte macrotendência, e as dondocas.

Dadas possíveis soluções a cada persona identificada, interpondo outra tendência importante: a sociedade aprecia a vivência em comunidades para interação. A recepção do SPA se revela uma sala de interação, sai do estigma de consultório médico aguardando atendimento, um ambiente frio e sem amenidades, tornando-se receptivo o pré-relaxamento com saída do centro urbano. O atendimento se dá por uma equipe treinada e capacitada. Os terapeutas são orientais, identificados pelos usuários como tendo maior autoridade em massagens terapêuticas. As salas são personalizadas com implantação de aplicativos disponíveis para os usuários.

Nas demais dependências, babás a la carte com monitoramento, para que os pais tenham um relaxamento pleno. Salas, antes em desuso com piscina aquecida, são transformadas em privê, para grupos de amigos assistirem ao futebol, chás da tarde e encontro de amigas. O acesso ao SPA foi separado da recepção do Hotel X, para seus usuários não-hóspedes, assim deixam de se sentir inibidos frente à recepção. Um elevador panorâmico instalado na área externa. Profissionais da beleza e estética disponíveis após a saída do SPA para hóspedes e não-hóspedes que resolvam permanecer nas demais dependências do Hotel, agregando mais valor a cada serviço. Através do processo *Design Thinking*, criaram soluções inovadoras e adequadas aos desejos e necessidades das personas identificadas. Com o novo processo, o Hotel X tem sua taxa de ocupação aumentada significadamente.

No Brasil, o ***Design Thinking*** vem ganhando forte influência na maneira com que grandes empresas pensem em inovação, como *players* o Itaú, Bradesco, WHIRLPOOL e Mapfre (TIM BROWN, 2010). Para que sua organização se mantenha motivada constantemente, é importante que a comunicação seja clara, consistente e efetiva em relação às metas e aos parâmetros. Uma alternativa é a utilização de recursos visuais, como gráficos que demonstrem quantos clientes foram ganhos ou perdidos. Anuncie à equipe uma vitória, aplauda a conquista e a fidelização de um grande cliente feita por seu colaborador. Seja honesto com a equipe quando as coisas estiverem ruins, mantendo-a engajada e ciente de que será exigido dela um desempenho extra e que, temporariamente, estará com sobrecarga. Atuando assim, tenha certeza de que seus colaboradores terão clareza e respeito pelo objetivo, pois o crescimento é fundamental.

As organizações devem atentar às necessidades e aspirações do seu capital humano, seu usuário final. Engaje seu líder, para que seja transparente, tenha poder de decisão, compartilhe e aceite sugestões. Incentive-o a participações constantes nas equipes.

A liderança ideal é um processo complexo, exige variáveis e um conjunto de características técnicas e comportamentais. A essência da liderança moderna é ter um tempero novo para liderar adversidades e times diversos, estando sempre atualizados e antenados às fortes tendências, mostrando a visão do futuro.

Toda experiência no relacionamento com o cliente comprova-nos que as pessoas devem deixar de ser mornas em seu atendimento e focadas apenas em seu serviço. Quando solicitamos algo a um colaborador brasileiro, sua resposta é "farei o possível"; quando solicitado a um norte-americano, a resposta é "farei o meu melhor". Nossos líderes e colaboradores somente estarão incluídos no novo contexto de mundo e navegando por fortes tendências ao aprenderem a dizer "farei o meu melhor". Enquanto isso, as organizações permanecem estáticas em um mercado cada vez mais dinâmico.

Além de nossos conhecimentos técnicos nas áreas de atuação, de produto ou serviço, os profissionais necessitam desenvolver a habilidade da imersão no mundo de seu cliente. O primeiro passo é a utilização da identificação, ou seja, empatia, recebendo os clientes com amenidades.

Atitude essencial para que ocorra a sinergia entre vocês.

Num contato telefônico, por exemplo, é necessário colocar-se no lugar do cliente. Perceba o tom de voz, um simples alô diferente do cotidiano, descubra como ele gosta de ser tratado. Se for B2B, quem são seus colaboradores? Conheça a história, missão, propósito. Respeite seus colaboradores, como faz com seus gestores. Não se esqueça de que esses colaboradores fazem parte da cadeia dos *stakeholders*.

No segundo passo, utilize uma âncora positiva, qualquer estímulo externo. Organizações fortalecem vínculos e interações através dos sentidos e os clientes influenciam as escolhas. A ideia é envolvê-los em uma atmosfera sensorial.

Os elementos que estimulam como o tato, o olfato, o paladar, a visão e a audição foram batizados de Brandsense, por Martin Lindstrom, uma estratégia que poderá proteger a identidade das organizações perante seus concorrentes e proporcionar uma vantagem intrínseca. No atendimento é importante o tom de voz. Se for irônico, rude ou com desdenho, afasta a prospecção. Um tom gentil e uma observação constante no comportamento de seu cliente transmitem informações valiosas sobre sua personalidade. As mensagens podem ser passadas com palavras, gestos ou com o corpo. Esteja atento, desenvolva o hábito da análise constante. Entregue ao cliente o que ele deseja ou aquilo que você conseguiu identificar sem ele precisar falar por completo. Cria-se, então, um relacionamento duradouro.

Outro ponto que gostaria de colocar em questão está atrelado ao departamento de vendas, à cobrança dos clientes. Mesmo alguns vendedores achando que não é sua responsabilidade. Acredito que o cliente é de responsabilidade também do vendedor. Se o cliente não pagar pelo serviço ou produto adquirido, quem perde, além da empresa, é o vendedor, com bloqueio para futuras vendas. É necessário que o vendedor tenha isso em mente e que é de sua responsabilidade resolver o problema.

No relacionamento com o cliente, a etapa mais simples é vender, o difícil é encontrar soluções, resolver e administrar problemas, ter um excelente pós-venda, chamar para si a responsabilidade e fidelizar o cliente. Quanto aos clientes, é importante que não enxerguem seu vendedor como um cobrador. Isso modificará a confiança e o relacionamento entre ambos. É necessário que o vendedor esteja no processo, porém precisa ser bem treinado em como abordar o cliente para que execute a tarefa de forma irrefutável e agradável.

Excelentes vendedores são aqueles que trabalham em colaboração nas soluções de problemas, utilizando o equilíbrio do "ganha-ganha", não se preocupando apenas em vender e receber sua comissão. Ser apenas um tirador de pedidos não o faz um exímio vendedor. Vale ressaltar que excelentes profissionais de vendas, infelizmente, estão escassos no mercado de trabalho. A análise do ambiente, do cliente e a observação das fortes tendências são de suma importância para a realização do sucesso em vendas: atração, retenção e fidelização.

A organização faz parte do processo de relacionamento com o cliente. Todos os funcionários fazem parte da cadeia de valor, precisam estar alinhados e em constante colaboração. O departamento comercial, telefonista, recepção, atendimento ao cliente, entregas de materiais, financeiro são fundamentais. Não podemos esquecer o cartão de visita da organização. Afinal, a primeira impressão é a que fica na mente dos clientes.

Colaboradores, quando diferenciados e com pleno desenvolvimento de competências necessárias e desejadas, não necessitam apenas de remuneração, premiação ou bonificação. Um elogio e um pronunciamento de reconhecimento perante os demais colaboradores fidelizam e retêm grandes talentos.

Para a fidelização de usuários finais e colaboradores são necessários transparência, empatia, amizade, respeito e confiança. Uma organização composta por uma liderança inovadora, controlando adversidades e times diversos, antenada às novas tendências, utilizando o processo do *Design Thinking*, alinhado ao ***Brandsense***, é o caminho perfeito para sucesso pleno do relacionamento com seu cliente.

Referências

WIKIPEDIA. *Design Thinking*, 2014. Disponível em: <http://pt.wikipedia.org/wiki/Design_thinking>. Acesso em: 15 abril. 2015.

FUJIHARA,K.R. *Um relacionamento com o cliente: do básico ao acabamento*, 2013. Disponível em:<http://www.fnq.org.br/informe-se/artigos-e-entrevistas/artigos/construindo-um-relacionamento-com-o-cliente-do-basico-ao-acabamento >. Acesso em: 09 mar. 2015.

MACHADO, C.A. *Brandsense: segredos sensoriais por trás das coisas que compramos*, 2013. Disponível em: < http://www.trabalhosfeitos.com/ensaios/Branding/43778200.html >. Acesso em: 10 mar. 2015.

BROWN, Tim. *Design Thinking: uma metodologia poderosa para decretar o fim das velhas ideias*, 11ª reimpressão. Rio de Janeiro: Elsevier, 2010.

DUTRA Joel Souza. *Gestão de Pessoas: modelo, processos, tendências e perspectivas*, 1 ed., São Paulo: Atlas, 2012.

2

Comunicação eficiente no atendimento ao cliente

Neste capítulo você terá uma visão abrangente do que é a competência comunicativa, suas ferramentas e importância no atendimento ao cliente e nos trabalhos em equipe nas organizações. Serão também discutidos os principais veículos de comunicação: presencial, telefone, *e-mail*, mensagens de texto e *chat online*, além de dicas para um bom relacionamento com o cliente em cada uma dessas modalidades. Boa leitura!

Alice Penna de
Azevedo Bernardi

Alice Penna de Azevedo Bernardi

Graduada em Fonoaudiologia pela Pontifícia Universidade Católica de São Paulo (PUC-SP). Mestre e Doutora em Saúde Pública pela Faculdade de Saúde Pública da Universidade de São Paulo (USP). Consultora de empresas na área de fonoaudiologia ocupacional, saúde, segurança do trabalho e comunicação empresarial. Docente em cursos de pós-graduação em fonoaudiologia ocupacional. Autora de diversos livros, capítulos e artigos científicos na área de fonoaudiologia do trabalho. Comendadora em Saúde e Segurança pela ANIMASEG, em 2012, e membro consultor da Sociedade Brasileira de Fonoaudiologia (SBFa).

Contatos
www.alicepenna.com.br
alicepenna@alicepenna.com.br
(11) 2979-3902 | (11) 99963-6054

Comunicação é uma palavra derivada do verbo latino *"communicare"*, que significa "partilhar, participar algo, tornar comum". Por esse motivo, quando nos comunicamos, estabelecemos um elo comum com alguém.

Em nível gerencial, a comunicação determina a eficiência, tanto para a solução de problemas como para o fortalecimento das relações entre aqueles que a conformam, estruturando o planejamento e o controle. Dessa forma, adquire importância capital nas negociações, no processo de compra e venda e nas relações com os clientes.

Idealmente, o processo de comunicação envolve um emissor ou remetente, que seleciona o conteúdo do que vai ser comunicado, escolhe um canal de comunicação e envia a mensagem para um receptor ou destinatário, que deveria ser compreendida exatamente da mesma forma com que o outro transmitiu.

No entanto, a informação é filtrada tanto pelo emissor quanto pelo receptor, podendo gerar distorções. A forma com que a informação parte do remetente e chega ao destinatário vai depender do conjunto de habilidades sociais e emocionais que ambos estabelecerão coletivamente.

A competência comunicativa, ou seja, a habilidade do emissor em transmitir a mensagem de maneira a gerar a reação esperada e vice-versa vai depender do conjunto de qualidades que compõem a chamada **Inteligência Emocional**, ou seja, o conjunto de habilidades emocionais e sociais que estabelecem, coletivamente, o quanto percebemos e expressamos de nós mesmos, desenvolvemos e mantemos relações sociais, lidamos com desafios usando emoção e toleramos o estresse.

Nesse sentido, para que nosso atendimento e relacionamento com o cliente seja eficaz e duradouro, precisamos exercitar algumas das características da inteligência emocional descritas a seguir.

Atitude e autocontrole: compreende o tempo em que conseguimos sustentar as emoções positivas. Em um diálogo sobre qualquer tema, é a nossa atitude que levará o interlocutor a nos classificar como uma pessoa potencialmente otimista ou pessimista.

No relacionamento com o cliente, é importante que, por meio da voz, passemos sensação de segurança, cuidado com ele e otimismo mesmo quando temos que dar uma má notícia. Por exemplo, se você acabou de vender um automóvel e descobre que a entrega terá que ser adiada por um problema de emissão da nota fiscal ou de qualquer documentação, é importante manter o otimismo no diálogo, justificando o problema ocorrido, desculpando-se e mostrando que está atento ao problema dele e se empenhando ao máximo para que tudo seja resolvido o mais rápido possível.

Intuição social: facilidade com que captamos os sinais sociais emitidos pelas pessoas ao nosso redor. É essa capacidade que nos proporciona, por exemplo, perceber o nível sociocultural e o tipo de personalidade do cliente para adequarmos o diálogo a ele. Quando o atendimento ao cliente é um processo apenas telefônico, rápido e impessoal, os atendentes, com alta intuição social, são capazes de perceber pela linguagem utilizada, voz, tipo de vocabulário empregado, o nível socioeconômico do cliente, adequando seu discurso.

Quando o atendimento é presencial e existe a possibilidade de uma interação mais prolongada entre o atendente e o cliente, fica mais fácil utilizar essa intuição social em favor do bom relacionamento com o cliente. Se você percebe, por exemplo, que seu cliente é uma pessoa que gosta de expor um pouco de sua vida pessoal e familiar, pode também atrever-se a falar um pouco de si ou de exemplos de familiares e amigos, se notar que o contexto permite. Com isso, muitas vezes a interação com o cliente tende a fluir mais naturalmente e o grau de satisfação dele aumentará por consequência. Já com clientes mais discretos e fechados e com alto grau de objetividade, essa é uma prática que pode atrapalhar o atendimento e o cliente achar que você está sendo indiscreto, até chato, além de fazê-lo perder tempo com assuntos que não são do seu interesse.

Como o cliente se veste, como se senta à sua frente e até mesmo sua fluência e articulação das palavras ao telefone também podem ser indicadores importantes para você mapear o nível socioeconômico do cliente que tem à sua frente e adequar sua comunicação a ele. Atendentes com alto grau de intuição social costumam adequar-se socialmente ao cliente nos primeiros um ou dois minutos de conversa.

Autopercepção: é a capacidade de conhecer a si próprio, em termos de comportamentos frente às situações de sua vida social e profissional, além do relacionamento consigo mesmo, do conhecimento e controle de suas respostas corporais ou às de seus interlocutores a situações de estresse. As pessoas, com grande autopercepção, são capazes de reconhecer no outro movimentos corporais, por exemplo, de impaciência, e ir direto ao ponto ou encurtar a conversa caso desconfie que seu cliente está com pressa. Da mesma forma, a pessoa autoperceptiva consegue inibir em seu corpo gestos praticamente intuitivos de estresse ou impaciência e controlar a elevação natural do tom de voz (que revelaria agressividade), caso a relação com o seu cliente esteja difícil ou em algum ponto de discordância.

Linguagem verbal e não verbal

O processo de comunicação envolve dois grandes tipos de linguagem com suas respectivas subdivisões:

1. **Linguagem verbal:** quando usamos a voz, as palavras, a fala como meio de transmitir uma mensagem ao cliente. O diálogo é a forma de comunicação mais comum no processo da venda e atendimento ao cliente.

2. **Linguagem não verbal:** quando empregamos gestos, expressões, acenos, linguagem corporal e reações involuntárias no relacionamento com o cliente.

Estudos mostram que a responsabilidade do conteúdo da mensagem, ou seja, da escolha das palavras para uma comunicação bem-sucedida é de apenas 7% do conjunto de itens. A atitude dos interlocutores medida pelo grau de assertividade, segurança, flexibilidade na negociação e no relacionamento com o cliente é responsável por 38% da eficácia na comunicação. Os demais 55% da comunicação se processam por meio da linguagem corporal ou linguagem não verbal.

Dessa forma, quando temos que prestar um excelente atendimento ao cliente, a primeira coisa a prestar atenção é a escolha do canal de comunicação. De acordo com a pesquisa citada, é claro que a comunicação presencial apresenta vantagens inúmeras no atendimento ao cliente, uma vez que contamos com o auxílio da linguagem corporal, ou seja, gestos e postura, olhar, inclinação do corpo mostrando que estamos atentos e focados ao seu atendimento. Entretanto, no mundo moderno, a rapidez e a objetividade no atendimento são os atributos mais valorizados pelos clientes, uma vez que a competitividade, as negociações e decisões, depois do advento da internet, ganharam uma velocidade nunca antes experimentada no mundo anterior. Portanto, nem sempre teremos a vantagem de ter o cliente à nossa frente. Dessa forma, os demais canais de comunicação devem ser bem explorados e utilizados para que consigamos atender nosso cliente, com rapidez e eficiência, compensando parte dos 55% da comunicação corporal que poderá não existir.

Comunicação presencial x telefone x *e-mail* x mensagens de texto x *chat online*

Com o avanço da tecnologia, o relacionamento com o cliente passou a ser efetuado por meio de vários canais de comunicação além do contato pessoal: telefone, *e-mail*, mensagem de texto, *chat online*.

Nem sempre é possível escolher o canal de comunicação mas, quando é possível optar, quanto mais emocional for o conteúdo da mensagem, mais pessoal deve ser o contato. Quando o atendente precisar resolver um problema do cliente, que envolve grande insatisfação, dê preferência ao contato telefônico ou ao presencial, se for possível. Quando a mensagem tem conteúdo e finalidade predominantemente informativa, dê preferência à economia de tempo, rapidez no atendimento e objetividade, utilizando *e-mail* ou mensagem de texto.

A seguir, comentamos as particularidades de cada tipo de comunicação, suas vantagens e desvantagens e dicas para gerenciar adequadamente cada tipo de atendimento ou relacionamento com o cliente.

Relacionamento com o cliente - Presencial

Vantagens

Essa é a forma mais completa de comunicação, na qual lançamos mão dos recursos da linguagem verbal oral acrescida da qualidade vocal do falante, além de sua comunicação não verbal (gestos, postura), o que facilita o mapeamento do cliente e favorece a empatia no bom relacionamento.

Desvantagens

Demanda tempo e, muitas vezes, o acesso e a distância dos interlocutores dificultam o contato pessoal. Além disso, a exposição dos interlocutores é máxima. Portanto, qualquer sentimento negativo em um dos dois, decorrente do relacionamento ou não, pode repercutir na linguagem corporal impactando no outro e prejudicando o relacionamento.

Dicas para um bom relacionamento com o cliente:

Como vimos anteriormente, 55% do êxito de um bom relacionamento depende da linguagem corporal. Por isso, atenção absoluta a ela é importante durante o contato presencial com o cliente.

A inclinação do corpo para frente significa que o cliente está interessado na conversa. Você está no caminho certo. Quando ele se inclina para trás e cruza os braços, pode ser sinal de desaprovação ou que está se defendendo.

Quando estiver falando, procure olhar frequentemente para seu cliente. Isso demonstra sinceridade e firmeza de atitude. Tronco ereto, gesticulação suave das mãos e discreto sorriso demonstram atenção e elegância para com ele.

Relacionamento com o cliente – Telefone

Vantagens

Economia de tempo, possibilidade de comunicação mesmo em meio a outras atividades.

Desvantagens

Falta de *feedback* em relação à linguagem corporal. Por vezes, maior custo.

Dicas para um bom relacionamento com o cliente:

Ao telefone, a grande estrela da comunicação é a qualidade da voz e o uso de recursos e possibilidades. A melhor voz ao telefone deve ter modulação e velocidade de fala equilibradas, sem exageros em agudos ou em graves, mas deve estar coerente com o coeficiente de emoção que está sendo transmitida. A articulação das palavras deve ser clara e precisa, a linguagem deve ser correta gramaticalmente e a intensidade vocal deve ser confortável. Essas características vocais transmitem ao ouvinte gentileza, otimismo, paciência, atenção, credibilidade e disponibilidade. No caso de operadores de *call center*, que geralmente têm um *script* a ser seguido no teleatendimento, o pior erro que irrita o ouvinte é não utilizar modulação na voz, transparecendo que o mesmo decorou a mensagem e utilizou velocidade acelerada e imprecisão articulatória. Além da inteligibilidade tornar-se comprometida, fica nítido para o ouvinte que o operador decorou o *script* e está tentando cumprir metas acelerando o ritmo para aumentar sua produtividade.

Relacionamento com o cliente – *e-mail* e mensagem de texto

Vantagens
Rapidez, praticidade, baixo custo e possibilidade de registrar e formalizar acordos entre as partes.

Desvantagens
Falta de *feedback* em relação à linguagem corporal e psicodinâmica vocal. Principalmente na comunicação via *e-mail*, (mas também pode ocorrer na mensagem de texto), a resposta geralmente não vem instantaneamente. Portanto, a fluência do diálogo fica comprometida e alguns erros de interpretação podem ocorrer de ambas as partes com mais facilidade do que nas modalidades orais.

Dicas para um bom relacionamento com o cliente:
Nessa modalidade de relacionamento com o cliente, o cuidado com a redação de textos gramaticalmente corretos, sem erros ortográficos, deve ser extremo. Erros na escrita transmitem ao cliente ignorância do atendente e, por consequência, falta de cuidado da empresa na seleção de funcionários de bom nível.

Nos *e-mails*, a organização das linhas, com a saudação e nome ao final deve ser observada. Já nas mensagens de texto, erros de digitação já são menos mal vistos devido ao tamanho dos teclados de telefones que podem induzir o redator ao erro. Quando é preciso enviar mensagens objetivas com rapidez para o cliente, a mensagem de texto é o melhor recurso para demonstrar eficiência e presteza.

Relacionamento com o cliente – *Chat online*

Vantagens
Rapidez, praticidade, baixo custo e possibilidade de contato e diálogo com o cliente em qualquer computador, *tablet* ou *smartphone*.

Desvantagens
Falta de *feedback* em relação à linguagem corporal e psicodinâmica vocal. A necessidade de rapidez na digitação pode levar a textos com interpretações dúbias ou equivocadas.

Dicas para um bom relacionamento com o cliente:
Modalidade cada vez mais frequente, o *chat online* representa o maior desafio para um atendimento de excelência. O usuário de internet, acostumado a respostas em tempo real, tem a característica de ser menos paciente do que o cliente que aciona o SAC em meios tradicionais, como o telefone.

Ao mesmo tempo em que o operador precisa ser ágil, o cliente precisa compreender aquilo que está sendo dito. Por isso, atenção à escrita. É fundamental que o atendente tenha uma boa redação, evitando erros gramaticais ou falta de clareza.

Outro fator importantíssimo é acompanhar o cliente até a finalização ou solução do seu problema. Portanto, mesmo que precise consultar outras pessoas ou setores da empresa, mantenha contato com o cliente periodicamente para que ele sinta que você está lá buscando a solução. Isso também vale para o atendimento telefônico. Se ele procurou o atendimento pelo *chat* ou pelo telefone, não mude a modalidade nunca. O cliente deve ser atendido até a solução do problema na modalidade que escolheu ser atendido.

Siga as dicas e sucesso sempre!

3

Seja mestre no básico!

Com práticas simples, mas bem aplicadas, você pode promover e fortalecer um relacionamento de qualidade com seus clientes. Você não precisa de fórmulas mirabolantes para gerar e manter satisfação, fidelização e solidez. O básico bem feito conquista!

Ana Carolina Mendonça &
Janaína Bortoluzzi

Ana Carolina Mendonça

Master Coach Integral Sistêmico, certificada pela Federação Brasileira de *Coaching* Integral Sistêmico, em parceria com a Florida *Christian University*, nas especialidades *Life* e *Executive Coaching*. Eterna aprendiz, entusiasta pela mente e capacidades humanas. Terapeuta Junguiana. Terapeuta de EFT - *Emotional Freedom Techniques* (acupuntura sem agulhas); Barras de *Access Consciouness™*; *Facelift Energetic Access* (rejuvenescimento energético facial). Palestrante. Colunista na Rádio Justiça. Contadora, com experiências em Planejamento Estratégico, Auditoria, Escritório de Processos e Gerência de Projetos. Atua em Brasília/DF.

Contatos
www.coachee.com.br
coachanacarolina@gmail.com

Janaína Bortoluzzi

Master Coach Integral Sistêmico, certificada pela Federação Brasileira de *Coaching* Integral Sistêmico, em parceria com a Florida *Christian University*, nas especialidades *Life* e *Executive Coaching*. Formada em Enfermagem pela UnB e em Arteterapia Junguiana pela Clínica Pomar - RJ. Certificada em Feminino Consciente (TeSer), com Soledad Domec e Tássia Félix; em Rastreamento de Pegadas e Mentores – *Tracking Project*, com John Stokes. Palestrante. Terapeuta de EFT - *Emotional Freedom Techniques* (acupuntura sem agulhas); *ThetaHealing*; Barras de *Access Consciouness™*; *Facelift Energetic Access*. (rejuvenescimento energético facial). Atua em Brasília/DF.

Contatos
www.coachee.com.br
jbccoaching@gmail.com

Afonso encontrou no Egito as respostas que tanto procurava para seus negócios. Longe de sua empresa, imerso apenas no seu papel como consumidor, percebeu que promover e manter um bom relacionamento com os clientes pode fazer toda a diferença para o sucesso. Aplicando procedimentos e comportamentos básicos e universais, mudou o rumo de sua história: do eminente fracasso à reconquista de sua clientela e ao êxito.

Era visível que os negócios de Afonso estavam estagnados. Aliás, Afonso estava estagnado. Sentia grande dificuldade para manter clientes. Com o dinheiro que ganhava, mal conseguia cobrir seus custos. Não entendia como isso podia acontecer, se estava sempre trabalhando. A sua vida era aquela empresa.

Já se passavam três anos que ele e Beatriz haviam se separado. Sua última viagem de férias tinha sido há mais de cinco anos. Quando conseguia se desligar por alguns dias da empresa, acabava aproveitando para resolver pendências do dia a dia. No tempo que sobrava, estava em casa em frente à TV, buscando descansar um pouco e aliviar o estresse.

Lutava contra traços de depressão que insistiam em acompanhá-lo e já não conseguia disfarçar o crescente mau humor. Apesar de não admitir para ninguém, em seu íntimo, sentia-se muito pressionado por não conseguir dar uma guinada nos seus negócios.

Era domingo e Afonso sentia que o tédio e o desânimo corroíam corpo e alma por inteiro. A pressão interna só aumentava. Resolveu pegar o telefone e ligar para Lucas, seu melhor amigo desde a faculdade. Marcaram de almoçar em um restaurante que ficava bem próximo da casa de Lucas. Mais parecia uma espelunca, porém com o melhor pescoço de peru da cidade!

Dessa conversa e das reflexões que fizeram, Afonso percebeu que estava vivendo dentro de uma bola de neve e que precisava encontrar meios de sair dali. E decidiu que se daria 15 dias de férias, longe de casa, imerso em uma cultura que tanto o instigava. Aproveitaria para realizar um antigo sonho, até então jogado e esquecido no fundo de um baú: conhecer o Egito!

A ideia de ir para terras desconhecidas mexeu completamente com sua energia e animação. Passou os próximos 54 dias preparando tudo o que precisaria para a viagem e aproveitou para ler ainda mais sobre a Terra dos Faraós.

Chegado o dia de partir, ansioso, parecia que tinha voltado à infância. Mala no elevador. Táxi esperando na portaria. "Aeroporto, aqui vou eu". Uma das maiores viagens de sua vida: não via a hora de visitar os templos, as gigantescas pirâmides e navegar nas águas históricas do rio Nilo.

Embarque com Afonso nessa viagem e conheça 4 práticas simples que você pode aplicar e garantir seu sucesso!

1 – Sentir-se acolhido faz toda a diferença

Depois de longas horas de voo, enfim chegamos ao aeroporto do Cairo. O frio na barriga aumentou. No desembarque, lá estava o guia se esforçando para deixar bem à vista a placa com os dizeres: "Bem-vindo Grupo Kem". Com uma prancheta na mão, exprimia um misto de simpatia e seriedade, enquanto conferia o passaporte de cada um e entregava uma espécie de *kit* com uma pulseira de identificação, uma caneta e o cartão de entrada que deveria ser entregue na alfândega.

Apesar do frenesi do aeroporto, em meio ao contraste de mulheres com olhares furtivos dentro de suas burcas, homens armados e gritarias à moda árabe, mais exageradas que à italiana, impressionantemente fui me tranquilizando. O guia falava em espanhol, mas se comunicava muito mais por meio de seus olhos, corpo, braços e mãos. Com agilidade e precisão, apontava a direção a cada um de nós para passarmos pelo raio X. Ele conseguia passar a sensação de estarmos imunes àquele ambiente ostensivo.

Dentro de poucos instantes, todo o grupo já tomava assento no ônibus que nos aguardava para o traslado ao hotel. Foi como se ele nos tivesse envolvido em uma espécie de cápsula de proteção. Quando me dei conta, o frio na barriga tinha desaparecido.

Percebi que a postura de "galinha-choca" do guia, com aquele olhar grudado em cada um e em todo o grupo, me fizeram sentir acolhido e seguro. Ele conseguiu, com suas ações, ganhar minha confiança no primeiro contato. Pensei e recomendo pra mim mesmo e pra todos que buscam mais qualidade com seus clientes: seja em que ambiente for, empenhe-se em acolher o seu cliente da melhor maneira possível. Demonstre segurança e você logo ganhará a confiança dele.

2 – Comunicação eficaz

Chegando ao hotel, tivemos uma reunião de boas-vindas. Alguns se sentaram, outros permaneceram em pé enquanto degustávamos chás típicos. O guia nos apresentou os demais membros da equipe que nos conduziriam durante os próximos dias nas Terras dos Faraós.

A partir daí, nossa reunião mais parecia um programa de auditório de perguntas e respostas. Por *e-mail*, havíamos recebido, previamente, informações úteis para o bom andamento da excursão. Ele agora as repassava uma a uma com perguntas.

De forma lúdica e descontraída, o guia foi checando cada orientação com o grupo. A princípio, a maioria nem sabia responder direito, ficava tudo truncado. Era muita coisa! Mas, como um maestro, ele foi esclarecendo e refazendo as questões várias vezes, até que nosso coro se afinou e tínhamos tudo na ponta da língua.

Nessa, até eu que, além de estar cansado, não tenho paciência para esse monte de explicações, entrei no jogo. E, ao final, não é que tudo pareceu mais simples?

Aquele guia conseguiu o que eu nunca tinha presenciado antes: por incrível que pareça, apesar de sermos 34 pessoas de férias, não querendo preocupações, ficamos tão alinhados em relação às regras, horários e atividades, que em todos aqueles dias que passamos juntos, não tivemos problemas relacionados a isso.

Em viagens anteriores, mesmo em grupos pequenos, já presenciei diversos casos de pessoas atrasadas, deixando o restante do grupo esperando, perdendo passeios e atividades relevantes. Nosso grupo, pelo contrário, conseguiu manter-se bem conectado e considero que, em grande parte, devido à clareza da comunicação e à simpatia conquistada pelo guia com o seu empenho em tornar tudo mais leve e descontraído.

Testemunhei na prática o uso de *feedback* para uma comunicação eficaz. O comunicador (no caso o guia) garantiu a transmissão fidedigna da mensagem (ou seja, as regras de serviço de quarto, horários de café da manhã, saída para passeios, códigos que usaríamos internamente para nos comunicarmos em segurança e uma série de outras informações "decorebas") aos destinatários (no caso, aquele grupo de turistas cansados e dispersos com tudo o que víamos).

Seja para transmitir uma ou muitas informações aos seus clientes, use abordagens de perguntas e respostas para fazer *feedback*. Torne descontraída e leve a comunicação e poderá se certificar se conseguiu passar exatamente a mensagem que pretendia. Isso evitará conflitos posteriores e garantirá maior satisfação dos seus consumidores.

3 – Faça-se presente

No dia seguinte, logo cedo começaram os passeios. Se eu já estava confiante, amparado e seguro, agora começava a me sentir bem tratado. Como diria minha avó, "paparicado". A cada dia éramos surpreendidos com algum agrado.

Logo no primeiro dia, ganhamos um mapa colorido e estilizado, com todos os locais que visitaríamos e um bombom.

No segundo dia, nos surpreendemos com uma rosa. Não só as mulheres, mas nós homens também recebemos. No terceiro dia, ganhamos um tecido, comumente usado na região. Não perdi tempo e fiz logo um turbante para mim. As mulheres o usavam como véu ou cachecol. Passei o dia brincando que estava me sentindo um *sheik*, e que agora só me faltava o harém!

No quarto dia, eu já estava especulando o que viria em seguida, mas não nos deram nenhum mimo. Foi uma sensação estranha, passei o dia esperando receber algo, como um menino afoito pelo próximo doce. Ocorreu-me até que teriam esquecido. No próximo, também não ganhamos nada e desencanei.

O sexto dia foi especialmente quente. Subimos no ônibus sentindo bastante calor. Eu estava derretendo de suor. Nesse momento, o guia apresenta uma exuberante bandeja cheia de toalhas umedecidas e aromatizadas com essências egípcias, usadas para limpar e refrescar mãos e rosto. Foi contagiante a alegria que todos sentiram e expressaram.

Recebemos ainda outros agrados esporádicos e era sempre um motivo de festa. Aquela agência não apenas nos ofereceu brindes, mas nos fez realmente valorizar o que estávamos recebendo como *plus*. Que sacada!

Você pode encontrar formas de surpreender o seu cliente. Não se restrinja ao que foi contratado. Não é preciso gastar muito para isso, mas vá além das surpresas e mimos previsíveis: provoque emoções, se faça presente e fortaleça o vínculo entre vocês. Assim, será lembrado e recomendado.

4 – O momento "parabéns pra você!"

Fazíamos um cruzeiro pelo Rio Nilo. Já era noite e estávamos nos deliciando com o jantar de comidas típicas do Egito. De repente, as luzes começaram a piscar e se apagaram! Uma mistura de silêncio e reações de susto. Teria faltado energia no restaurante do navio?

O mistério não durou muito tempo. Vi uma pequena luz se aproximando e percebi que era a chama brilhosa de uma vela que iluminava um bolo de aniversário, trazido em minha direção pelas mãos do *maître*. Fiquei com a emoção à flor da pele em meio àquele alegre "parabéns pra você" cantado em espanhol por todos os presentes.

Senti-me profundamente lisonjeado e prestigiado pela comemoração. Ganhei até um papiro de presente. Momento único que guardarei para sempre na memória!

Confesso que, além de nunca ter gostado muito de comemorar meu aniversário, sentia resistência em prestigiar clientes e funcionários em suas datas festivas, pois receava passar-me por bajulador.

Mas depois do que vivenciei, percebi o valor e o significado de comemorar um aniversário.

Se você quer aprofundar os laços com seus clientes, recomendo que você participe de suas datas especiais e torne cada uma delas ainda mais marcante. Aproveite as oportunidades de surpreendê-los, seja no aniversário, Natal, Ano Novo e até nas bodas de casamento. Você conquistará ainda mais a simpatia deles.

Prática extra! Mas não menos importante!
A vida em si é uma grande viagem. Então... Divirta-se!

Entusiasmado, Afonso aproveitou cada instante dos últimos dias de sua viagem. E agora não via a hora de aplicar os aprendizados em sua empresa.

Voltou ao Brasil com ânimos renovados. Com mais atenção à sua comunicação, reestruturou seu relacionamento com seus clientes e funcionários.

Adotou uma nova postura para si e para sua empresa e, assim, conseguiu em quatro meses aumentar em 50% os seus resultados. Isso lhe surpreende? Nem a nós!

Afonso se comprometeu a manter o clima descontraído e leve, mesmo sob pressão, o que é inerente aos negócios e à vida.

Para isso, precisaria estar bastante atento a seus pensamentos, sentimentos, atitudes e postura.

Alguns funcionários chegaram a reconhecer e elogiar seu bom humor. Sim, agora, sem perceber, tinha quase sempre um leve sorriso esboçado nos lábios. Ufa! Que bom que o humor havia melhorado! Isso o agrada? A nós também!

Se Afonso, um típico cabeça-dura, conseguiu extrair percepções práticas das experiências que viveu, imagine você que está aberto para novas percepções e está lendo este texto?

Viajar é praticamente um prazer unânime. Quando em viagens, queremos aproveitar cada momento, seja para relaxar, extravasar, nos divertir, curtir, silenciar, refazer planos ou renovar energias.

E se estendermos essa percepção para o nosso dia a dia? E se olharmos a vida e todas as suas possibilidades como uma grande viagem?

Se você pudesse ter na vida a mesma postura de quando viaja, quão mais você aproveitaria cada experiência e oportunidade? Quanto mais ânimo e empenho você colocaria em cada um dos seus dias? Em cada uma das suas atividades? Com que qualidade você prestaria seus serviços? Como você escolheria viver sua vida? Quanto você e seus negócios podem crescer com essa mudança de postura?

Na viagem da vida, empenhe-se em conquistar seus sonhos e objetivos. Dedique-se verdadeiramente às pessoas: familiares, clientes, funcionários, chefes e amigos. São eles os seus companheiros de viagem. E, ao final, verá que terá valido a pena.

4

A práxis do relacionar-se

Relacionar-se com o cliente sugere uma prática anterior: entender que linguagem usamos quando nos relacionamos com as pessoas de nossa convivência e o que isso implica no relacionamento com o cliente. Quando mudamos o nosso olhar sobre o que nos cerca; queixas se transformam em oportunidades, tristeza em bem-estar, insegurança em tranquilidade, desmotivação em comprometimento e os aprendizados nos capacitam para novas habilidades em nossos relacionamentos pessoais e profissionais

Ana Laura de Queiroz

Ana Laura de Queiroz

Pós-Graduada em *Coaching* e Líder *Coach* com base Ontológica e Neurobiológica – *Lato Sensu* – UNIBR. *Coach* Organizacional de Equipes e Liderança – *Certificate Program* e *ASTD Education Program. Personal & Professional Coach* – Sociedade Brasileira de *Coaching*. Graduada em Pedagogia Plena – Universidade Federal de São Carlos. Especializações: Didática, Psicologia da Educação, Sociologia da Educação. Coautora dos livros: O segredo do sucesso pessoal. A arte da guerra (Desperte o Sun Tzu que está dentro de você). Atuação em empresas de grande porte com treinamento e desenvolvimento gerencial e liderança. Trabalho voluntário de *Coaching* para terceira idade, no Centro de Convivência da Subprefeitura do Jabaquara – São Paulo.

Contatos
www.oxidesenvolvimento.com.br
analaura@oxidesenvolvimento.com.br
skype: queirozanalaura

A linguagem se manifesta no corporal, no emocional e no verbal. É neste tripé que o capítulo entra como sugestão de se perceber o que antecede a ação de um relacionamento dinâmico, interessante e produtivo com seu cliente.

Conhecemos alguns clichês: gostar do que se faz, saber ouvir, dar atenção ao cliente, demonstrar interesse. Nesse pressuposto, encontrar os elos significa o que trazemos de nós nessas conversas com o cliente.

Quando você pensa em cliente, o que vem à sua mente? Do que se lembra? Quais experiências traz no diálogo com o cliente, que é experiência sua e não dele?

Relacionar-se é expor-se, compreender o pedido do cliente para encontrar conexões entre o diálogo, a comunicação e as informações necessárias até o fechamento do negócio.

Um aspecto interessante para se refletir é sobre nossa postura de dominação. Isto é: Eu tenho o hábito de reclamar? Faço julgamentos moralizadores? Costumo fazer comparações? Aumento meu tom de voz ou a torno mais ríspida? Quando o relacionamento não está conforme o meu esperado, interrompo o cliente demonstrando atitude de quem sabe tudo?

São questionamentos que nos levam à reflexão e práxis que antecedem o momento do relacionar-se com o que lhe é mais importante: seu cliente.

Atividades mentais do conhecimento durante a conversa com o cliente:

— Preciso de tudo claro o tempo todo;

— Acredito que o saber é sinônimo de verdade;

— Construo meu diálogo a partir do que sinto;

— Não consigo controlar o efeito da minha ação, frente ao que o cliente diz;

— Não tenho noção da extensão do que o cliente diz por falta de pesquisar melhor os acontecimentos ou a proposta.

Essas atividades mentais são fontes de intoxicação durante a conversa e impedem a conexão por inteiro com seu cliente, levando a emoções que podem não ser agregadoras em seu diálogo com o cliente.

A linguagem, como fonte geradora no diálogo com o cliente, cria contextos de confiança, respeito e motivação se for verdadeira. Canais de comunicação são construídos afirmando os compromissos previamente estabelecidos.

Explorar a compreensão e checar se sua interpretação está correta são fatores de credibilidade e são os elos citados no início do capítulo.

Você tece a conversa com o cliente costurando os combinados, os pedidos? O que é um bom pedido? É aquele em que os prazos são estabelecidos (da forma como o cliente gostaria que fosse feito e da possibilidade de entrega pela empresa). Checar a importância desse atendimento para ter ciência de que o desejo do cliente mais a possibilidade da empresa permitirão minimizar futuros desentendimentos ou insatisfações de ambas as partes.

Uma questão que pode ser fator de conflito ou insatisfação é não entender as necessidades que estão por trás dos pedidos. Isso é pedir ao cliente que esclareça a necessidade ou o desejo dele. Confirme se o que está entendendo é o que o cliente quer. Deixe claro também quais fatores podem ser possíveis impedimentos para os prazos e diga ao cliente que, se houver mudanças no meio do caminho e se não forem alinhadas por ambos, poderão afetar o compromisso preestabelecido.

Como você age ao comunicar-se com seus familiares e amigos, fora do ambiente de trabalho? Quais as motivações que o levam a realizar mudanças de percurso? São questões naturais da vida.

Façamos uma analogia entre a nossa vida fora do ambiente profissional e as decisões que tomamos quando estamos no trabalho. Marco um encontro com os amigos. Surge outro compromisso que me interessou mais. Qual é o meu costume? Invento uma historinha. Não aviso e dou o furo. Ligo e falo a verdade. Envio um *whatsapp* dizendo que havia esquecido o outro compromisso, que já estava agendado. E por aí vai.

Agora, como você reage quando surge algum desafio no trabalho que não está conseguindo terminar? Ou entregar no prazo? Você inventa uma historinha. Não avisa e dá o furo. Liga e fala a verdade. Envia um *e-mail* dizendo que os prazos não serão cumpridos em tempo hábil. Vai até seu cliente ou dá um telefonema se posicionando, pedindo desculpas pelo atraso, deixando-o com a sensação de bem-estar por sentir-se respeitado e importante para a sua empresa.

Coisas que fazemos em nosso dia, nosso jeito de agir e de fazer influenciam quando estamos decidindo ou fazendo coisas no ambiente de trabalho. Objetividade e coerência são fundamentais para que o relacionamento com o cliente seja satisfatório.

Isso é uma das coisas que antecedem o relacionamento com o cliente. O que faço ou estou acostumado a fazer exerce influência em meu relacionamento com o cliente (interno e externo)? É possível mantermos nossa integridade ao fazer as coisas de que mais gostamos e agradar o cliente, respeitando nossos valores pessoais?

Esse caminho é interessante, pois ajuda a desenvolver outras habilidades que temos e não são percebidas. O domínio pessoal, no contexto do autoconhecimento, é que exercerá uma influência que chamarei de "capacitadora".

Segundo Peter M.Senge, em seu livro a *Quinta Disciplina,* p. 47: "O domínio pessoal estimula a motivação pessoal de aprender continuamente como nossas ações afetam nosso mundo". Portanto, ter domínio pessoal ajudará na aquisição de atitudes menos reativas.

Dominar as habilidades naturais que o ajudam a alavancar suas decisões e se fazer presente como pessoa possuidora de personalidade segura e confiante, porém com manejos de pessoa flexível e agregadora de valor na vida do outro, respeitando seus pares, as áreas afins, seus líderes e liderados farão diminuir a frequência de eventos que demandam tempo e desajustes no ambiente.

Quem ganha nessa relação? Todos. Você líder, você que desenvolve seus projetos e processos, você que administra o sistema e o cliente, que percebe a coerência entre todos os elementos.

Tabela simplificada para manter uma boa práxis com o cliente: modelo usual.

Nome	Prazo de entrega	Contexto	Acompanhar
Fulano de Tal	60 dias Meados de Outubro	Uniformes	03/09, 13/09 23/09, 03/10, 10/10
Ligação ou *e-mail*	Em............	—	03/09-Hora: Falei com:

Não há novidade em preencher o acompanhamento. O que precisamos entender sobre a práxis é quem de fato a realiza. Ter conhecimento não significa aplicar o que já sabe. Entender que a prática de alguns modelos de acompanhamento de entrega do produto fará a diferença no relacionamento com seu cliente será a diferença na fidelização.

Muitos vendedores ou consultores de vendas se queixam que as entregas não são realizadas no tempo combinado devido à demanda ou desajuste interáreas, logística, elementos organizacionais internos, falta de matéria-prima e outros fatores que influenciam na entrega do produto, que impactam no relacionamento com o cliente.

Tudo está conectado

Os consultores de vendas ou as pessoas que trabalham com atendimento ao público podem desenvolver algumas habilidades para que o relacionamento com o cliente se torne produtivo e atencioso.

As habilidades ou competências abaixo poderão ajudá-los a entender a dinâmica do relacionamento habilidoso:

- ➤ Transmitir confiança – por meio de posturas e ações, demonstre que merece a confiança do seu cliente;
- ➤ Manter o relacionamento após a venda – vendeu, aguarde alguns dias e acompanhe as dúvidas ou outras necessidades de seu cliente. Isso pode ser realizado por algum departamento específico caso seja uma grande organização;
- ➤ Defender a organização ou a empresa – em situações de conflito ou problemas, com atitudes de consideração pelo cliente;
- ➤ Preservar seus valores pessoais – é possível ter a ciência de sua integridade, valores no momento de resolver situações em que o cliente não tem razão;
- ➤ Relacionar-se bem com as áreas diretas e indiretas, que poderão ajudá-lo no processo da venda e no fechamento da mesma;
- ➤ Elaborar os aspectos jurídicos, alinhar à demanda com os prazos, os fornecedores, caso haja, os parceiros diretos, se for um negócio grandioso e que necessita desse item, quais serão as pessoas da equipe envolvidas em fazer acontecer o projeto de vendas na empresa.

Nem sempre o cliente tem razão, por isso é necessário que estejamos preparados tecnicamente e no atendimento que gera relacionamentos.

É incrível como em um diálogo com o cliente podemos observar comandos emitidos que nos ajudam a prosseguir o atendimento com maior êxito.

A observação é uma condição que aumenta a percepção no momento de ajudar o cliente na decisão ou mesmo acolher a escolha dele, sem fazer grandes intervenções.

Orientar o cliente quanto aos fatores técnicos e permitir a escolha dele é uma ação de satisfação. Convencer o cliente através de argumentos técnicos pode tornar cansativo o diálogo. Tudo é importante: demonstrar seu conhecimento conversando, trocando ideias e com sua expressão corporal e facial. Convergir os aspectos ameaçadores ou conflitantes para o cliente é interessante para que ele seja seu decisor. Isso gera confiança e consistência no que você fala.

CASE: empresa do segmento de luxo. Cosméticos importados

A história é sobre uma cliente que chega à loja de cosméticos e diz que o referido produto fez mal à sua pele. Ela está agitada, nervosa e falando alto. Sua postura era de desafio e acusação.

A vendedora pede que se sente para atendê-la. A cliente reclama da descamação da pele, o que é confirmado pela vendedora.

Após observar a pele da cliente, a vendedora pergunta se ela faz uso de algum produto para rejuvenescimento. A cliente confirma que faz uso de um ácido para limpar a pele, indicado por uma amiga.

A vendedora explica que, para usar ácido na pele, é necessário o acompanhamento de um dermatologista, que fornecerá as orientações necessárias. Informa que os produtos vendidos na loja são para dar beleza e vitalidade à pele e deixá-la mais macia, hidratada, firme. Os princípios ativos não possuem a propriedade de descamar a pele. Recomenda que a senhora aumente a hidratação, diminua o uso do ácido e procure um médico.

Para finalizar, a vendedora mostra que o produto adquirido era um firmador e que, para recuperar a hidratação, a senhora poderia levar um hidratante, que melhoraria a sensação de desconforto.

Diante da explicação da vendedora, a cliente entendeu que o procedimento que realizava estava errado. Comprou o hidratante ao perceber que sua pele tinha parado de repuxar com o uso do creme.

Podemos observar que a vendedora foi cordial com a cliente, alterada e insatisfeita, que chegou à loja. Ela não trouxe para si o problema, soube conduzir a conversa através do conhecimento de seus produtos, investigando, fazendo perguntas que pudessem ajudá-la a entender o que acontecia com a pele da cliente. Em momento algum, a vendedora se alterou, ao contrário, ficou tranquila, apoiou a cliente e a orientou. Isso é práxis do relacionamento com o cliente. A vendedora estava segura do que fazia, não tomou como ofensa quando a cliente foi áspera. Manteve a calma.

Alterarmos e entrarmos no jogo inconsciente do outro tem mais de nós mesmos do que do outro. Que prática de relacionamento pode prejudicar o contato com o cliente? Entender essa práxis é uma ferramenta para conduzir seus relacionamentos de maneira mais saudável, trazendo benefícios para todos: cliente, você e a empresa. Nesse triângulo, todos caminham para resultados positivos.

"Diante das infinitas possibilidades de criarmos a nossa realidade, é na mente do observador onde tudo começa a ser construído".

Ana Laura

5

Como construir um relacionamento extraordinário com seu cliente

As tendências corporativas contemporâneas exigem muito mais que bons produtos ou serviços com baixos preços, elas exigem conexão com o cliente. Para que seja possível alcançar essa conexão de forma sustentável, é preciso que os clientes se sintam satisfeitos com o atendimento. Essa satisfação acontece quando a organização executa ações focadas no relacionamento humanizado e extraordinário

Débora Veneral &
Juliane Teixeira

Débora Veneral

Doutora em Direito. Especialista em: Formação de Docentes e de Orientadores Acadêmicos em EAD; Direito Tributário; Educação Superior - Metodologia do Ensino Superior; Direito Civil e Processual Civil; Graduada em Direito. Professora Universitária (Teoria Geral do Direito Tributário, Direito Constitucional Tributário, Direito Penal Tributário, Direito Criminal e Penitenciário); Instrutora de curso preparatório para o exame da OAB (Direito Constitucional); Instrutora de Cursos da Escola de Educação em Direitos Humanos - ESEDH/PR (Execução Penal e Estatuto Penitenciário). Consultora em Unidades Penais Terceirizadas. Coordenadora pedagógica do IEMAPP - Instituto Elias Mattar Assad de Práticas Profissionais. Atualmente, Diretora da Escola Superior de Gestão Pública, Política, Jurídica e Segurança no Centro Universitário Internacional UNINTER. Palestrante.

Contatos
www.deboraveneral.com.br
deboraveneral@yahoo.com.br
(41) 9203-3839

Juliane Teixeira

Doutoranda em Engenharia da Produção e Sistemas. Mestre em Tecnologia e Desenvolvimento. Especialista em: Gestão Estratégica de Pessoas; Psicopedagogia; Formação de docentes para Ensino Superior e Pedagogia Empresarial. MBA em Administração Pública e Gerência de Cidades. Graduada em Letras. Graduanda em Administração. Atuou como coordenadora de Recursos Humanos em Angola. Experiência na área de Administração, com ênfase em Gestão Estratégica de Pessoas. Atualmente, atua na área de Qualidade Acadêmica e Inovação no Centro Universitário Internacional UNINTER. Docente na área de Administração foco no Desenvolvimento de Pessoas. Orientadora do Projeto Agentes Locais de Inovação pelo SEBRAE / CNPq.

Contatos
juliane_bt@hotmail.com
(41) 9148-6753

Relacionamento significa ligação entre uma ou mais pessoas, seja pelo simples afeto ao ser humano ou por questões familiares, de amizade ou profissional, unindo pessoas com objetivos e interesses comuns.

Quando falamos em relacionamento, em regra, pensamos em relações de cunho amoroso. Obviamente, este também faz parte do rol de tipos de relacionamento, no entanto a palavra *relacionamento* tem um alcance ilimitado quando estabelecido o foco e o objetivo. Vejamos, por exemplo, um cedro. A árvore, quando madura, apresenta múltiplos patamares, com dimensões diferenciadas e imponentes, mas sem criar raízes profundas. Como "ser um cedro" no competitivo e acirrado cenário empresarial? Pensemos no bom relacionamento com nosso cliente como uma estratégia para "enraizar" a figura da empresa no mercado. Um relacionamento se desenvolve quando há confiança, empatia, respeito e harmonia entre as pessoas envolvidas. Um extraordinário relacionamento acontece quando você ultrapassa as expectativas do cliente, colocando-se no lugar dele e o tratando como você gostaria de ser tratado.

Relacionar-se com o outro, sobretudo, quando tratamos das relações profissionais, é um processo constante, de modo que as ações de atendimento e relacionamento com o cliente podem fidelizá-lo ou exclui-lo do rol daqueles que prestigiam sua empresa. Portanto, para a empresa que tem o intuito de conquistar novos clientes e manter fiéis os já existentes, de modo a se sentirem satisfeitos com o atendimento e tornar o relacionamento extraordinário, devem observar que tipo de procedimento está adotando para concretizar seu intento: sucesso, retenção e satisfação recíproca. Outro fator, não menos importante, é a convivência e o trato amistoso com o cliente. Estes dois itens, aliados à empatia dos colaboradores ao atendê-lo, são capazes de gerar cada vez mais cumplicidade entre os envolvidos, desde que seguidos os padrões de atendimento estabelecidos pela empresa. Lembrando que o bem-estar no ambiente de trabalho é primordial.

Apesar da evolução tecnológica e dos grandes avanços ocorridos na sociedade de alguns anos para cá, não se pode olvidar que o tratamento digno deverá ser dado ao ser humano, desde o mais simples colaborador ao mais elitizado cliente, como o diretor da empresa, uma vez que a própria Constituição Federal traz como um dos fundamentos da República Federativa do Brasil a dignidade humana. A dignidade deve ser respeitada nas suas nuances, inclusive, em se tratando de relacionamento com o cliente. A relação entre empresa e cliente somente poderá se fortalecer e este sentir-se satisfeito se alguns princípios basilares forem incorporados à empresa e absorvidos por cada um dos seus colaboradores como parte integrante do seu ser.

São eles:

a) **Amor:** não estamos falando de agir com sentimento, pois seria ilusão. Na maioria das vezes, você não conhece o cliente que vem até sua empresa pela primeira vez. Fala-se de amor decisório, como escreveu Scott, "o amor é a decisão de agir em benefício da outra pessoa". A decisão de criar um relacionamento profissional benéfico tanto no aspecto material, visando à necessidade do cliente, quanto pessoal, fazendo-se diferenciar de tudo aquilo que existe no mercado. Estamos falando aqui da decisão em atendê-lo fazendo o seu melhor, utilizando sua essência enquanto ser humano em prol do benefício do cliente. É preciso que seu ambiente de trabalho, sua fala e sua forma de atendimento sejam diferenciados, de modo a assegurar que ele está no lugar certo, que a empresa lhe dá certeza de que está fazendo um bom negócio. Se houver dúvida, significa que algo está errado, ou seja, em algum momento deixamos de passar segurança para o cliente.

b) **Humildade:** ter humildade é ser capaz de reconhecer seus erros e suas limitações, é a demonstração de respeito ao outro, independente da situação financeira, social ou acadêmica. A humildade e a arrogância não convivem simultaneamente. A presença de uma elimina a outra. Mas a sabedoria caminha junto à humildade. Quanto mais humilde a pessoa for, mais sábia se tornará. O humilde é grato pelo que os outros podem lhe ensinar, ao contrário do arrogante, que acha que tudo sabe e tudo pode. Portanto, ou você é humilde ou arrogante. Para conseguir um relacionamento extraordinário com o cliente, é notório que a arrogância não pode fazer parte dos princípios e bases aqui citadas.

c) **Confiança:** transmitir confiança ao argumentar sobre um produto ou serviço é primordial para um atendimento extraordinário. Não existe nada pior do que percebermos que a própria pessoa que está nos vendendo aquele produto ou serviço não o conhece o suficiente para saber se de fato aquela aquisição é adequada para satisfazer a necessidade do cliente. A confiança e a certeza na apresentação do produto ou serviço geram segurança e credibilidade ao cliente.

d) **Fidelidade:** seja fiel à sua palavra mas, antes de mais nada, seja fiel a você mesmo. Diga sempre a verdade e cumpra o que prometer. Nada de subestimar a capacidade de entendimento do cliente, ou de qualquer ser humano. Nos tempos atuais, sabemos que tudo o que é dito pode ser conferido. Assim, se prometermos algo para o cliente ou repassarmos informação não verdadeira, ao conferir a informação e encontrar fundamentos distintos do que ouviu é o suficiente para quebrar o elo do relacionamento construído. E terá perdido a credibilidade.

e) **Diligência:** seja diligente com seu cliente. Segundo Steven Scott, a "diligência é uma habilidade adquirida que combina persistência criativa, esforço inteligente, planejado e executado de forma honesta e sem atrasos, com competência e eficácia, de modo a alcançar um resultado puro e dentro do mais alto nível de excelência."

f) **Visão:** coloque-se no lugar do seu cliente e imagine que você está sendo filmado ao atendê-lo, ou melhor, pense que Deus está olhando como é que está atendendo a pessoa. Pensou? Então, você não faria o melhor? Acreditamos que sim. Faça sempre o seu melhor, antecipe-se às solicitações do cliente, ofereça algo a mais, educadamente, é claro, e com respeito. Aconteça o que acontecer, trate cada cliente como se fosse a sua única chance para mostrar seu trabalho.

g) **Comunicação:** comunicar-se é fazer entender-se pelo ouvinte. Você já percebeu que muitas vezes as pessoas não conseguem entender o que pedimos ou queremos, seja produto ou serviço? Ou, ainda, que nós não entendemos aonde a pessoa quer chegar com seus argumentos sobre determinado produto ou serviço? Pois bem, a boa comunicação é primordial. Ideias são rejeitadas, produtos deixam de ser vendidos, serviços deixam de ser prestados não em razão de sua qualidade ou preço, mas devido à comunicação não ser eficiente ou persuasiva. A comunicação, segundo Scott, refere-se a cada aspecto desta, que pode ser representado por palavras, tom de voz, gestos, expressões faciais, humor, tempo e todos os aspectos não verbais que transmitem o que queremos dizer. Para que sua comunicação seja eficiente a seu cliente, é preciso ouvir antes de falar e, ao falar, fazê-lo devagar atentando para as palavras proferidas. Diga somente o necessário, pois falar em demasiado pode estafar o cliente.

h) **Gratidão e alegria:** você já reparou nas feições da pessoa quando é atendido com alegria? Se o corpo fala, o olhar e o sorriso juntos formam uma dupla perfeita e servem como medida quando o assunto é a aprovação do atendimento ao cliente. Aliada à alegria, a gratidão é a ação de reconhecer algo que alguém fez para você ou por você. Assim, é preciso conscientizar-se da importância da gratidão a cada um dos nossos clientes. Graças a eles, podemos receber recompensa financeira em retribuição ao trabalho desenvolvido. Ser grato é também um ato de amor com o outro.

i) **Naturalidade:** outro fator de extrema relevância quando se fala em relacionamento extraordinário é que o modo de atender o cliente não pode ser padronizado ou artificial. Deparamo-nos com muitas empresas, principalmente nos relacionamentos via telefone, em que o tom da voz é que dita a tônica do prazer ou do desprazer em falar com o cliente. O grande segredo para o alcance de um relacionamento extraordinário entre empresa-cliente é ter uma equipe de alta *performance*, que demonstre, além da competência e do comprometimento, valores, visão, objetivos e engajamento de modo que o atendimento se torne naturalmente extraordinário.

j) **Comprometimento:** este é um dos fatores que ocupam lugar primordial na relação com o cliente. Primeiramente, o colaborador deve ser comprometido consigo mesmo, cumprir o que se propõe em relação a si próprio. Dessa forma, o comprometimento será uma prática aderente aos seus atos diários, sem necessidade de nenhum esforço. O grande desafio é disciplinar-se para a tomada das atitudes. Para construir esses comportamentos, a disciplina será sua maior aliada.

k) **Conduta:** a palavra *conduta* significa a forma, a maneira com a qual uma pessoa conduz sua vida em todos os aspectos, especialmente profissional, ou seja, como se comporta. Em regra, todo ser humano, quando jovem, tem como referência uma pessoa com quem se identifica e quer ser igual quando "crescer". Essa identificação ocorre porque admira o comportamento da outra, a forma com que se apresenta e conduz as situações que lhe são postas. Esta conduta admirável que o colaborador deve apresentar ao cliente para obter um relacionamento extraordinário.

Porém, de nada adianta o conhecimento de todos os princípios acima descritos, se não houver a manutenção do relacionamento com o cliente. É primordial que os colaboradores mantenham-se firmes no propósito de desenvolver e estabelecer o relacionamento por tempo indeterminado com o cliente. Muitas vezes, a rotina pode desviar o foco, porém é preciso retomar a direção e olhar para o objetivo traçado, a construção duradoura do relacionamento. Os colaboradores, recém-ingressantes na equipe, devem sentir que o tipo diferenciado de relacionamento com o cliente faz parte do DNA da empresa.

É primordial que, antes dos colaboradores firmarem relacionamento com os clientes da empresa, seja construído pelo empresário, gestor e líder, com sua equipe. Ao sentir-se satisfeito, o colaborador poderá transmitir e construir, com solidez, o relacionamento com o cliente. A carteira de clientes é o patrimônio valioso da empresa.

Para que a teoria seja posta em prática, é aconselhável que o empresário faça uma avaliação dos colaboradores de sua empresa para detectar se cada um deles está realmente satisfeito com a atividade desenvolvida. É sabido que a pessoa desenvolve, com mais habilidade e felicidade, uma atividade da qual gosta. Por isso, a importância do olhar humanizado voltado aos colaboradores que testemunharão, com seu comportamento, a maneira diferenciada de atendimento ao cliente, fazendo-o sentir que tem com a empresa um relacionamento de excelência. Outra coisa importante é que o colaborador possa contar com o apoio de seu gestor, não apenas nesta função, mas também como um conselheiro de modo que, quando precisar, possa ser aconselhado, advertido ou direcionado, com sabedoria, para a solução mais conveniente sobre o que o aflige.

Lembre-se: sua equipe de trabalho é seu maior bem dentro do seu negócio. Seus colaboradores – cada um deles – são o grande diferencial da empresa. Quando você investe nas pessoas que compõem sua empresa, investe no seu negócio. Engana-se quem pensa que o investimento é restrito ao âmbito financeiro. Investir no seu colaborador é, acima de qualquer ação, olhar para ele como alguém que tem necessidades que vão além de recompensa material, ou seja, o salário. Estas são as necessidades emocionais. Motivação, reconhecimento e incentivo são ações simples, que não dependem de verbas ou provisões e se estabelecem a partir do sábio ensinamento de Aristóteles: desenvolva o hábito.

Enfim, a partir dos princípios basilares, visando a melhor sensação ao ser humano, priorizando o bem-estar e o relacionamento extraordinário consigo mesmo e com os colaboradores, é que se pode alcançar o sucesso. A diferença positiva que causamos no mundo, ocasionada pela satisfação que trazemos para nossa vida e para a dos que nos cercam, sejam atuais ou futuros clientes, é o que faz o sucesso.

Referências

Constituição Federal. Disponível em: <http://www.planalto.gov.br/ccivil_03/constituicao/constituicaocompilado.htm>. Acesso em: 15 de nov. 2014.

6

Quem são e onde estão os seus clientes?

A qualidade no relacionamento com o cliente começa onde? Quem são os nossos clientes mais importantes e onde que eles se encontram? O que devemos fazer e por onde devemos começar para conquistarmos a fidelidade de nossos clientes e alcançar o sucesso?

Dr. Rafael Kudo

Dr. Rafael Kudo

Especialista e um dos pioneiros a desenvolver e ministrar cursos de *Coaching* para o Emagrecimento através da Programação Mental, autor do livro Emagreça pela Editora Ixtlan, Doutor em Hipnose Clínica (ESP), Doutor h.c. em Programação Neurolinguística (BRA), Doutor h.c. em Parapsicologia (BRA), Parapsicólogo, Psicopedagogo, *Trainer*, *Master Practitioner* em Programação Neurolinguística (USA), *Master* em *Coach & Mentoring* (BRA), Master em Alinhamento de Sistêmicos (BRA), Certificado Internacionalmente em Holomentoring (USA), Certificado Internacionalmente em *Coach & Mentoring* pelo ICT (USA), *Trigger Points*, *Myofascial Terapy* and *Propceptive Training Professional* (USA), Psicoterapeuta há mais de 10 anos através da PNL, Hipnose, e Regressão de Memória (CRTH-BR 0525). Há mais de 16 anos na área de Desenvolvimento Humano, já formou mais de 35 mil pessoas por meio de seus cursos, palestras e treinamentos.

Contatos

http://www.aexcelencia.com.br
contato@aexcelencia.com.br
(43) 3028-9698 / (11) 4063-6963
(43) 9962-0660 - WhatsApp

Quando o assunto é Relacionamento e Atendimento ao cliente, logo nos vem à mente a imagem de uma pessoa qualquer visitando nossa loja, nosso site ou entrando em contato conosco pelo telefone ou *e-mail* buscando mais informações em relação aos nossos produtos ou serviços, ou mesmo fechando o negócio que há algum tempo já se encontrava engatilhado em negociação. Nesta imagem, sempre há o papel do cliente (este ser qualquer interessado em nosso negócio) e o atendente, que pode ser nós mesmos ou um colaborador de nossa empresa. Não que este cenário esteja incorreto, mas talvez possamos afirmar que está um tanto quanto limitado quando o assunto é **relacionamento com o cliente**.

É comum que tenhamos este cenário como verdadeiro, afinal de contas vivemos em um universo que prioriza o bom relacionamento e a qualidade do atendimento ao comprador de nossos produtos e serviços, aliás, vale ressaltar que bem atender um comprador ou mesmo que seja apenas um curioso que nos visita é mais que obrigação de cada colaborador que compõe nossa equipe de trabalho, não é mesmo? Mas, será que o termo Relacionamento ou Atendimento ao cliente se limita apenas a este cenário que citamos até agora? Será que apenas as pessoas – compradores, especuladores, curiosos e até a concorrência – é que são os nossos clientes e precisam de toda a nossa atenção e empenho?

Pois bem, vamos pensar um pouco mais a respeito disso analisando uma história, porém faremos isso de maneira sequenciada e analisando cada ponto de vista do mesmo fato. Quem sabe, assim, conseguiremos ter um discernimento maior, ampliando a nossa visão e entendimento de "cliente".

Ponto de vista 1 – Visão geral:

Pedro é proprietário de uma conceituada empresa de prestação de serviço. Lá, além de atuar como consultor empresarial e realizar visitas periódicas às empresas que atende, também é responsável pela abertura de novos negócios e ampliar sua carteira. Ele possui uma equipe bem ampla composta por 20 colaboradores que contribuem significativamente com o sucesso de seus negócios e garantem o sucesso de seu trabalho. Há exatos três meses, todos os projetos realizados pela empresa de Pedro não têm apresentado boas avaliações e resultados. Nos últimos projetos realizados, Pedro obteve péssimas avaliações por parte das empresas que atendeu. Os resultados, ao contrário do que sempre ocorria, não foram satisfatórios e as empresas atendidas alegavam baixo desempenho e despreparo na atuação de Pedro. Diante dessa realidade, Pedro decidiu reformular todos os seus produtos e serviços e, inclusive, andou pensando em mudanças mais agressivas como alterar o endereço de sua empresa, a identidade visual e até o nome da empresa.

Fica claro para nós quem são os clientes da empresa do Pedro: as empresas que ele atende. É claro que em uma situação de insatisfação ou baixo desempenho, nós, empresa, empresário ou colaboradores, precisamos, sem pensar muito, encontrar alternativas que superem nossas limitações e as insatisfações do cliente, afinal de contas, "o cliente sempre será o ator principal no palco de nossas vidas", é ele quem irá contribuir ativamente com o nosso sucesso e a lucratividade de nossos negócios. No campo da satisfação e da fidelização de clientes cabe tudo que seja para agregar e contribuir para qualidade e saúde do relacionamento: melhorar nossa postura, conduta, aparência, argumentos, locução verbal, cultura e conhecimentos gerais, vocabulário vasto, expressão corporal, empatia, ajustes financeiros, promoções, marketing, condições adequadas, e tudo mais que contribua para que você e seus clientes consigam entrar e se manter em plena e perfeita harmonia.

Ponto de vista 2 – Colaborador:

Há 3 meses, Pedro tem desenvolvido um comportamento diferente com sua equipe de trabalho. No início, apenas ficou um pouco mais calado e fechado. Quase não conversava e evitava o contato com seus colaboradores. Havia dias em que Pedro nem aparecia no escritório e quando sua equipe precisava conversar com ele, seus telefones ora estavam desligados, ora ninguém atendia. Com o tempo, Pedro iniciou um comportamento agressivo e sempre em tom ríspido com sua equipe, causando muito desconforto e muita insegurança por parte dos colaboradores. Conforme o tempo passava, Pedro ficava ainda mais nervoso e quando havia qualquer aproximação por parte de seus funcionários, ele brigava, gritava e ofendia quem se atrevesse a questioná-lo ou contrariá-lo. Tão rápido quanto o fogo em gasolina, o clima naquela empresa ficou simplesmente insustentável. Rapidamente, os funcionários se tornaram pessoas instáveis e extremamente nervosas. O clima de insegurança e insatisfação tomou os pensamentos e os sentimentos de todos. A equipe já não mais conversava e eram muito comuns brigas, desentendimentos, fofocas, intrigas e ofensas entre todos. Coincidentemente, de lá para cá, não apenas os funcionários passaram a ter baixo resultado, mas Pedro começou a acumular baixo rendimento e péssimas avaliações por parte das empresas em que atendeu neste período.

Ponto de Vista 3 – Família:

Pedro possui uma linda família composta por sua esposa e dois filhos, um menino de apenas 4 meses de idade e uma adolescente de 16 anos. De uns tempos para cá, a família de Pedro tem passado por alguns ajustes e situações delicadas. Além de possuírem um bebê na casa, o que tem consumido seu sono, paciência e tempo, Pedro ainda está lidando com sua filha adolescente que está em fase de descobertas em sua vida social e sexual. Ademais, Pedro e sua esposa não têm se entendido muito bem devido a toda rotina que há anos não sofria qualquer alteração e, agora, com a chegada do bebê, Pedro tem sido cobrado por várias coisas, abrindo mão de seus afazeres sociais (lazer, cultura, amigos etc.) para dar mais atenção a sua esposa e filhos e tentar ajustar sua vida. Nos últimos três meses, Pedro também precisa lidar com o baixo rendimento de sua empresa e, consequentemente, com um volume menor de ganhos, no mesmo momento em que sua família cresce e sua estrutura familiar fica visivelmente abalada. Em sua casa, nos últimos tempos, é comum encontrar cada membro de sua família separado em seu respectivo canto. Nos únicos momentos em que se encontram, surgem brigas, desavenças e desentendimentos.

Analisando o fato de outros ângulos e ambientes será que, nesses cenários, não encontramos novos, ou melhor, outros tipos de clientes do Pedro? Afinal de contas, refaço a pergunta que dá nome ao título deste texto: "Quem são e onde estão os seus clientes"? Eis a grande pergunta.

O mundo corporativo atual está ativamente preocupado com todos os tipos de clientes, sejam eles internos ou externos. Clientes externos são como os compradores, os especuladores, aqueles que nos visitam e nos consultam, ou seja, trazendo para a realidade da história, são as empresas atendidas pelo Pedro que facilmente identificamos no Ponto de Vista 1 da história. Já os clientes internos são aqueles que contribuem para o crescimento e o desenvolvimento do nosso negócio, ou seja, nossos colaboradores e parceiros de negócios, no caso do texto, a equipe do Pedro. Atualmente, o capital humano de toda organização é algo importantíssimo e muito valorizado. O mercado corre e investe massivamente em capacitações, adequações e aprimoramento de seus colaboradores e também do ambiente de trabalho. Preocupado com o bem-estar e a saúde física e mental dos trabalhadores, reconhece que empregados sadios e felizes produzem mais, trazem maiores e melhores resultados, o que, consequentemente, aumenta a rentabilidade da empresa.

E você? O quanto tem se preocupado com seus clientes externos? O quanto tem buscado se aprimorar e se atualizar para criar laços firmes e seguros com seus compradores e seus clientes? O quanto tem buscado ampliar suas capacidades e habilidades sem que sua empresa faça isso por ti? O quanto tem se preocupado em mergulhar no universo de seu cliente e fazer parte do seu mundo, ampliando seus argumentos, vocabulário, conhecimentos etc.? Infelizmente, ainda existem profissionais que acreditam que a necessidade de investimento em capacitações e treinamentos seja obrigação do empregador. Eles se esquecem que o que cresce e se valoriza não é apenas a empresa, aliás, a empresa apenas é beneficiada por isso, enquanto os possui em sua grade de colaboradores, já, em contrapartida, é o trabalhador quem enriquece e desenvolve seus conhecimentos e seu currículo para sempre.

E quanto aos clientes internos, o quanto tem se preocupado em ser cada dia mais sociável, colaborativo, presente, proativo, empático, agradável, manso e brando em suas atuações, companheiro, dedicado e empenhado para com eles? O quanto tem se empenhado e buscado tornar o ambiente de trabalho e o relacionamento com seus colegas para que todos sintam prazer e gostem do que fazem e com quem convivem? Não precisamos ir muito longe para encontrarmos profissionais que não fazem o mínimo esforço para bem se relacionarem no ambiente de trabalho e até alguns que acreditam que o ambiente deva se ajustar a sua realidade interna (personalidade), pois nasceram assim e morrerão assim. Outros ainda apostam que a obrigação de um ambiente saudável de trabalho seja apenas da empresa independentemente da maneira que agem ou reagem ao meio em que estão inseridos.

É justo que as empresas invistam em seus colaboradores para garantir um ambiente saudável de trabalho, porém, entenda que os laços que você firma com as pessoas que estão a sua volta é obrigação sua também, e mais, esses laços podem ser as conexões sólidas ou instáveis de seu *networking*. Vivemos em um mundo globalizado onde não apenas pessoas jurídicas (empresas), mas inclusive pessoas físicas (colaboradores) estão interligadas e atuam de maneira colaborativa. Assim, um dos elos fortes de seu *networking* é também um ambiente agradável e saudável de trabalho em que você tem seus clientes internos fidelizados e satisfeitos contigo. Certamente, um ambiente propício colaborará ativamente com o seu sucesso e indiscutivelmente lhe proporcionará mais motivação e resultados grandiosos. Ou seja, tão importante quanto investir na qualidade do relacionamento com seus clientes externos é garantir que seus clientes internos estejam todos muito satisfeitos com você e trabalhem ao seu lado não pela obrigação de pertencerem a mesma empresa, mas também pelo prazer e fidelidade que possuem.

Ponto de Vista 4 – Eu (a visão de Pedro):

"Há quatro meses atrás, minha vida mudou. Chegava aos meus braços um grande presente de Deus: meu filho. Não estava esperando, afinal de contas, estávamos há mais de 15 anos na mesma rotina. Minha vida era ótima (não que eu tenha ficado triste quando fiquei sabendo que minha esposa estava grávida, aliás, passei a amá-la ainda mais) mas quando vi aquele bebê em nossa casa, fiquei com muito medo e assustado pela nova realidade que tenho agora. Não sei, mas de lá para cá, tudo mudou. Minha esposa se distanciou de mim e passou a me cobrar muito: presença, tempo, dedicação, cuidados, dinheiro, paciência, etc. Foi também neste período que notei que minha filhinha não era mais meu bebê e que se transformou em uma mocinha. Tudo ficou muito confuso para mim, pois até agora não sei como lidar com ela... não sei o que dizer, como dizer, o que fazer. Tenho me esforçado muito para dar a atenção que todos precisam, mas ao mesmo tempo que penso que estou fazendo tudo o que posso, sou cobrado pelo o que eu ainda não sei fazer e que eu nem sei que não estava fazendo. Eu e minha esposa temos brigas muito sérias e mesmo que eu tente negar esta realidade, já conversamos por diversas vezes em nos separarmos e até nos questionamos se verdadeiramente nos amamos ou não. Além disso, o clima em minha empresa simplesmente se transformou. Ultimamente tenho notado que meus funcionários têm se desmotivado muito e pior que isso, todos brigam o tempo todo, fazem exigências, cobranças e, ao mesmo tempo, não se conversam e sinto que não se esforçam para ter um bom ambiente de trabalho. Tenho me sentido fraco e sem capacidade de liderar ou ajudar minha equipe, pois vejo o declínio em nosso trabalho, mas tudo o que faço não funciona ou não basta. Com tudo isso, o rendimento de nosso trabalho tem caído significativamente. Além de minha equipe não render como antes, algumas empresas passaram a nos render duras críticas e reclamações. Perdemos alguns contratos e, consequentemente, o lucro da empresa tem sido duramente comprometido e ameaçado. Ultimamente tenho sentido muito medo. Sinto-me fraco, impotente e incompetente. Minha autoestima e meu amor próprio estão muito abalados. Sinto-me um inútil".

Por fim, chegamos talvez ao cliente mais importante e, certamente, ao que mais lhe trará resultados em toda a sua carreira profissional e pessoal: **você!**

O quanto tem investido em si mesmo? O quanto tem se preocupado com sua saúde física, mental e sentimental? O quanto tem alimentado sua mente, seus conhecimentos, suas habilidades e competências? O quanto tem dado atenção aos anseios, desejos e, inclusive, às queixas de seu cliente principal: você? Assim como a história de Pedro, cada cliente mal atendido contribuiu significativamente com os resultados obtidos nos últimos anos, partindo de sua insatisfação pessoal, se estendendo a sua equipe de trabalho e, inevitavelmente, abrangendo as empresas que atendia. Sim, é um ciclo vicioso. Muitas vezes nos focamos tanto no que está em nossa realidade objetiva (ambiente externo) e nos esquecemos de organizar a casa em nossa realidade subjetiva (nossa mente). A regra é simples, não conseguimos dar aquilo que não possuímos, ou seja, todo esforço de manter um excelente relacionamento com nossos clientes externos e internos será em vão se o nosso principal cliente – **nós mesmos** – não estiver muito bem cuidado, preservado e equilibrado.

Na construção de um grande arranha-céu, que será notado e visto por todos, podemos começar por várias partes, podemos começar pelo telhado, talvez pela escolha da cor das paredes... ou, ainda, com a compra dos móveis que irão compor cada andar deste arranha-céu. Mas você há de convir que o mais importante e certamente o que deverá ser o primeiro passo nesta construção será a fundação do prédio, não é mesmo? Da mesma maneira, podemos investir na qualidade do relacionamento com nossos clientes iniciando pela promoção, marketing, divulgação ou na maneira com que abordaremos ou conduziremos nossas negociações... talvez, possamos garantir que todos os nossos colegas de trabalho se sintam bem conosco, gostem de nossa presença, que o ambiente seja saudável e prazeroso ou fazer eternos e fiéis amigos... mas, você não concorda que, independentemente de como começar, o alicerce desta edificação será sempre você? Por isso, comece hoje. Comece agora mesmo. Ouça seu principal cliente. Invista ativamente nele. Garanta que ele se sinta plenamente realizado, capacitado, pronto e seguro para qualquer atuação ou situação. Aprenda, estude, capacite-se, equilibre-se cada dia mais e busque tornar suas fundações inabaláveis e seguras. Amplie, supere, expanda e viva plenamente o sucesso em sua vida.

7

Relacionamento com o cliente. O papel do líder

As empresas bem-sucedidas em implementar mudanças de forma rápida e com resultados consideráveis são aquelas que têm suas lideranças – desde seu dirigente número um – comprometidas e focadas nos resultados planejados. Há líderes que transformam planos em ação e que têm convicção da importância na melhoria do relacionamento com os clientes como forma de garantir a sobrevivência da empresa e dos empregos

Edelcio Fochi

Edelcio Fochi

Franqueado da K.L.A. Educação Empresarial e também Palestrante Licenciado da Escola de Vendas K.L.A. Especialista em Vendas e *Marketing* e Consultor de Empresas há mais de 25 anos. Professor na Universidade de Sorocaba há mais de 19 anos em cursos de Graduação e Pós-graduação das disciplinas: Técnicas de Negociação e Vendas, Negociação Empresarial, Negociação Internacional, Promoção de Vendas, Comportamento do Consumidor e CRM. Experiência em consultoria empresarial na área Comercial com foco em Planejamento, Organização e Implantação dos departamentos de Vendas e *Marketing*, com trabalho já realizado em mais de 30 empresas. Já realizou Treinamentos, ministrando cursos (*"in company"*) e Palestras nas áreas de: Relacionamento Interpessoal, Atendimento a Clientes, Vendas (B2B e B2C), *Marketing* e Gerenciamento de Mudanças.

Contatos
www.edelciofochi.com
www.facebook.com/klasorocaba
edelcio@grupokla.com.br
(15) 3224-4444

A empresa ou departamento é melhor que seu principal executivo?

Nenhuma empresa ou departamento consegue ser melhor que seu presidente, seu diretor, seu gerente ou seu supervisor. Tenho, ao longo do tempo, constatado, discutido e defendido esta tese. Obviamente, já fui contestado, em diversas ocasiões, porém, em nenhuma delas, aqueles que a contestaram, conseguiram, ainda, derrubá-la.

Existem milhares de publicações sobre qual deve ser a melhor postura de um líder eficaz. Uma delas, de Theodore Levitt, diz: "dirigir consiste em analisar racionalmente uma situação e selecionar os objetivos a serem alcançados; desenvolver sistematicamente as estratégias para conseguir aqueles objetivos; coordenar os recursos; desenhar racionalmente a estrutura, direção e controles precisos; motivar e recompensar as pessoas que colocam em prática o processo". Contrário a Levitt, Henry Boettinger tem uma forma diferente de entender a questão: "Dirigir consiste em arrastar os outros, e isso implica, para quem dirige, a capacidade de compreender as necessidades e os desejos dos outros para compartilhar com eles uma visão que aceitam como própria. Se isso não é arte, o que é arte? "

Com as duas citações, podemos concluir que, enquanto para uns dirigir uma empresa é um processo fundamentalmente técnico ou racional, algo que se aprende por meio de uma adequada formação que ensina técnicas de gestão, coloca-as em prática e que se aperfeiçoa com a experiência adquirida com passar dos anos, para outros, a direção de uma empresa tem mais a ver com arte – visão, ideias brilhantes, intuição – do que com a técnica.

Na verdade, não existe uma receita pronta de como deve ser um bom dirigente. Se ele deve ser um líder pragmático ou carismático. O que importa saber é que a principal missão de um presidente, diretor, gerente ou supervisor consiste em assegurar a sobrevivência de sua empresa ou departamento, utilizando os recursos (geralmente limitados) de que dispõe, compreendendo tanto os aspectos externos como os internos.

Observe que os grandes executivos que estão à frente de uma empresa ou departamento desenvolvem algumas habilidades consideradas essenciais a um líder eficaz:

- **Habilidade estratégica** para estabelecer os rumos que sua organização deve seguir, tanto no contexto externo quanto na sua estrutura interna;
- **Habilidade emocional** para tomar decisões que implicam risco, que afetam pessoas, interesses e provocam impopularidade;
- **Habilidade técnica** para melhor gerir o negócio e técnicas específicas da sua área de conhecimento;
- **Habilidade de relacionamento interpessoal** para lidar com seus colaboradores, superiores, colegas, clientes ou outros tipos de organismos externos, com o intuito de motivar e melhor dirigir os esforços organizacionais.

O líder tem que assumir que sua empresa ou departamento é consequência dele. É reflexo de suas ações. Tem a sua cara. É do tamanho da sua visão do mundo.

Para que uma empresa tenha excelência no Relacionamento com o Cliente, precisará da participação efetiva de suas principais lideranças. Estou falando da que eu considero como principal habilidade que um líder precisa ter para que sua equipe tenha também o mesmo foco e seja excelente no relacionamento com seus clientes: A Habilidade de Relacionamento Interpessoal.

Lendo um texto do jornalista Carlos Rossini, deparei-me com a seguinte frase: "Indiferença provoca indiferença – as pessoas tendem a tratar as outras do mesmo modo como são tratadas". Percebem que, para ter excelência no relacionamento com seus clientes, é preciso ter excelência no relacionamento interpessoal entre aqueles que lidam com clientes e, para que isso aconteça, a participação, o exemplo e a determinação devem vir da liderança da empresa, ou seja, "de cima para baixo". É aqui que fica evidenciada a importância de um líder usar suas habilidades de relacionamento interpessoal, servindo de exemplo para seus liderados de como deve ser o relacionamento entre todos da empresa com os clientes.

Aqueles que lideram equipes, que gerenciam, precisam entender que os relacionamentos com os clientes tendem a falhar mais por aspectos de pessoas do que por tecnologia. De nada adianta as empresas comprarem tecnologias de Gerenciamento de Relacionamento com Clientes (CRM), *Call Centers* e *softwares* de Banco de Dados, e definirem somente "o que fazer". As pessoas que trabalham na empresa é que devem definir **"o como fazer"**.Portanto, mais do que investimentos em processos, é preciso promover mudanças de comportamento nas pessoas, com as seguintes ações de liderança:

1. **Lembre-se de que o exemplo deve vir de cima –** É vital que o presidente e os principais executivos da empresa participem efetivamente. Eles devem se empenhar no corpo a corpo com os clientes, atendendo-os, visitando -os regularmente e respondendo às reclamações. Lembre-se do antigo adágio: "vale muito mais um grama de bons exemplos do que uma tonelada de conselhos";
2. **Comece prestando bons serviços aos seus funcionários –** Lembre-se do que disse o jornalista Carlos Rossini, citado há pouco;

3. **Prepare seus funcionários da linha de frente** – Ensine-os a resolver problemas, depois delegue. Na "hora da verdade", os clientes não querem perder tempo esperando por decisões superiores. Querem que elas sejam tomadas no ato, por quem os está atendendo;
4. **Envolva todo mundo** – A prestação de bons serviços não pode ser atribuída apenas ao pessoal de vendas e atendimento. Todos os funcionários da empresa devem saber que seu trabalho é importante no ciclo de serviços ao cliente. Portanto, todas as pessoas da empresa devem estar capacitadas, motivadas e ter autoridade para solucionar problemas de clientes, como se isso fosse uma ação comum no dia a dia. Todos os funcionários devem ser treinados e incentivados a resolver as questões com clientes com a maior presteza possível;
5. **Mantenha seus clientes** – Ouça o que diz Philip Kotler: "Custa cinco a sete vezes mais caro conquistar um cliente novo que fidelizar o que já temos". Ações de conquista de clientes (pré-venda) custam mais caro que as de manutenção desse cliente (pós-venda). O pós-venda, quando bem feito, já é uma ótima ação de relacionamento com o cliente e, consequentemente, de fidelização;
6. **Não aceite erros** – Sabemos que Zero Defeito em serviços é uma meta inatingível para qualquer tipo de empresa, mesmo para aquelas de primeira linha. Atente para o detalhe de que erros são inevitáveis, mas clientes insatisfeitos não. Se a empresa tiver habilidade para lidar com falhas, sabendo corrigi-las e superá-las com profissionalismo, clientes nervosos e frustrados podem tornar-se fiéis a ela;
7. **Ouça seus clientes** – A identificação detalhada do problema é a principal ação para eliminação da causa dos erros. É importante ouvir o consumidor quando

ele escreve, telefona ou pede para falar com alguém responsável por atendimento. Pesquisas revelam que apenas 4% dos clientes reclamam. A maioria (96%) não se queixa, porque acha que não vale a pena ou porque é mais fácil trocar de fornecedor do que reclamar. Estimule o cliente a se manifestar, para que você possa resolver as questões e mantê-lo fiel a sua empresa. Qualquer escorregada, como uma entrega atrasada, pode representar uma oportunidade para consertar um erro, fascinar o cliente, melhorar o relacionamento com um serviço excelente e conquistá-lo para sempre;

8. **Diferencie seus serviços, a fim de obter vantagens competitivas** – A concorrência, com base no produto, no preço ou na qualidade já não é mais suficiente. A excelência no relacionamento com seus clientes é um forte diferencial competitivo;
9. **Reinvente seu negócio todos os dias** – Nem todos os clientes que estão satisfeitos com determinado produto ou serviço permanecerão fiéis à empresa. Crie novas alternativas para melhorar o relacionamento com seus clientes;
10. **Invista em treinamento** – Ter uma empresa orientada para a satisfação do cliente exige uma mudança cultural. Para isso, é preciso treinamento em conceitos de relacionamento interpessoal e de boas práticas de relacionamento com os clientes.

Tudo isso é óbvio, mas quase ninguém aplica com consistência

O que diferencia um líder comum de um eficaz e de alta *performance* na obtenção de resultados? É a capacidade que ele tem de transformar planos em ação.

Lembre-se: você será valorizado não pelo que faz, mas pelo como faz. Por isso, um líder eficaz muda a mentalidade da sua equipe, treinando-a para as ações e resultados que quer atingir hoje – agora – e não amanhã.

Para sobreviver – ganhar qualquer vantagem competitiva – as organizações devem ser rápidas, adaptando-se às novas contingências, descentralizando as decisões e delegando poder na tomada de decisão. Esse é o papel de um líder.

As organizações não possuem escolha. É preciso eliminar os excessos, abandonar práticas burocráticas, reduzir o tempo que se leva para fazer as coisas acontecerem, focar os esforços em seu maior patrimônio: os clientes. Assim que as mudanças acontecem, ajudando as organizações a se tornarem mais ágeis. Não são atos impensados ou ações casuais realizadas por funcionários cansados e sem coração. O que você está testemunhando são instintos de pura sobrevivência num mercado competitivo, realizados por líderes comprometidos com resultados.

Teremos, daqui para frente, dois tipos de organizações: **"as rápidas"** e **"as mortas"**. Esta classificação também serve para os seus colaboradores, principalmente os líderes.

Vivemos num mundo agitado, competitivo e com oportunidades passageiras, em que as empresas, que são enxutas, ágeis e rápidas levam vantagem. Mas as organizações também já sabem que são tão rápidas quanto seus funcionários mais lentos. E providências estão sendo tomadas. Portanto, você precisa se reinventar como líder. Acelerar suas decisões de mudança pessoal e profissional, mesmo que isso signifique viver um paradoxo.

Dê ênfase à ação, não perca tempo numa preparação sem fim tentando deixar as coisas perfeitas antes de iniciá-las. Não sacrifique a velocidade. Aprenda a falhar rápido, solucionar e correr. Busque mudanças radicais – grandes saltos competitivos – em vez de depender de melhorias incrementadas passo a passo. Você não tem esse tempo.

Não resista à mudança. As organizações precisam mudar a forma de jogar e o líder implementará as mudanças. A organização não pode esperar por funcionários lentos no processo de ajuste. Não pode esperar enquanto as pessoas decidem se vão ou não embarcar no novo processo.

Hoje, as empresas buscam pessoas que estão dispostas a dirigir as organizações para novas direções, que estão ávidas em melhorar o relacionamento com os clientes e vender ainda mais. Você também não agiria assim se deixasse o atual emprego e fosse contratado para uma atividade diferente?

É importante assumir essa postura na empresa em que está. Faça-a agora. Não seja um obstáculo às iniciativas de mudança – uma resistência que provoca atrasos. Participe, de maneira proativa, do processo de mudança. Agregue valor. Ajude sua empresa a ser bem-sucedida nos Relacionamentos com os Clientes. Seja o dirigente – o líder – que teve a coragem e a vontade de implementar as mudanças que precisavam ser feitas para melhorar o desempenho e os resultados da organização, com atitudes pragmáticas ou carismáticas, mas com atitudes.

Coloque em prática e se surpreenda com os resultados.

Mãos à obra e bom trabalho!

8

Escute, pergunte, solucione

Em tempos de internet, em que as informações estão disponíveis, promoções e preços atrativos, como conquistar e fidelizar seus clientes? Mais do que simplesmente comprar, seu cliente quer saber o que seu produto ou serviço pode fazer por ele, quer que o escute e solucione seus problemas. Seu atendimento será, sem dúvida, o grande diferencial de seu produto ou serviço no mercado

Elisangela Ransi

Elisangela Ransi

Consultora, Palestrante, *Master Coach* – ISOR®, Formadora de Vendedores, Autora do Livro *Impossível...? Eu Posso! 7 Saltos para a realização de seus sonhos*. Atua há mais de 20 anos na área comercial. Graduada em *Marketing*, especializou-se em *Marketing* Interno/*Endomarketing*, Atendimento e Relacionamento com o Cliente, Fidelização, Processos de Vendas, Gestão e Desenvolvimento de Pessoas e Gestão da Qualidade.

Contatos
www.elisangelaransi.com.br
contato@elisangelaransi.com.br
Instagram: @elisangelaransi
www.facebook.com/elisangelaransi
(11) 95150-5888

O bom é inimigo do ótimo quando falamos sobre o atendimento que oferecemos aos nossos clientes. Embora muitos vendedores pensem nas necessidades do cliente, falam apenas sobre produtos, seguindo a velha cartilha de vendas.

Mais importante do que aquilo que você diz aos clientes é a maneira como escuta o que eles têm a dizer. Saber fazer perguntas e compreender que agora é preciso vender soluções em vez de produtos. Para isso, vamos nos concentrar em três habilidades de comunicação essenciais para formar e manter um ótimo relacionamento com o cliente: a escuta eficaz, perguntas sem suposições e a apresentação de soluções aos problemas dos clientes.

1. Pratique a escuta eficaz.

Para um vendedor, o domínio da arte de escutar é semelhante a usar uma lente com *zoom*.

A escuta eficaz permite que você demonstre interesse, estabeleça uma relação de confiança e entenda as necessidades de seu cliente. Porém, na maioria das vezes, a abordagem em um atendimento é feita por uma escuta eficiente somente para manter o diálogo ativo, ou seja, eu ouço o que meu cliente tem a dizer, mas não o bastante para analisar o conjunto de informações que se fazem necessárias para conquistar este cliente.

A escuta eficaz vai além de uma escuta eficiente, vai além de somente ouvir, não se trata de manter um diálogo ativo com o cliente, mas com um alto nível de interesse.

A diferença entre ouvir e escutar tem sido descrita nestes termos: ouvir é uma atividade física, enquanto escutar é uma capacidade cognitiva/racional, ou seja, para escutar você tem que usar seus processos de raciocínio, a fim de traduzir a mensagem e compreendê-la.

Escute com atenção, nós aprendemos a falar e escrever, mas ninguém nos ensina a escutar. Você pode dizer que isso se faz naturalmente. Entretanto, nossa capacidade de escutar de forma eficaz é, muitas vezes, bastante limitada. Tente ouvir uma gravação em que alguém fala durante dois ou três minutos, sem tomar nota. Diga, em seguida, o que consegue lembrar. Você poderá se surpreender o quanto perdeu da informação.

O que chamamos de escuta eficaz é algo difícil e envolve:

- Estar atento e demonstrá-lo;
- Prestar atenção não só ao que é dito, mas também a como é dito;
- Assimilar e interpretar as mensagens não verbais;
- Esforçar-se não só para ouvir, mas também para entender;
- Rememorar e resumir – usando suas palavras ao repetir o que ouviu, para que possa checar se compreendeu a mensagem correta.

Fica evidente quando alguém não está ouvindo. Lembrar-se quando isso acontece com você, provavelmente se recordará de experimentar uma sensação de rejeição: a pessoa não estava interessada no que tinha a dizer. Muitas vezes, nessas circunstâncias, você para de tentar se comunicar e o relacionamento pode ser negativamente afetado. Um escuta eficaz é um componente essencial para se manter um ótimo relacionamento.

2. Evite suposições. Faça perguntas.

Você pensa que sabe o que a outra pessoa vai dizer – o risco está em ser fácil parar de ouvir totalmente ou ouvir somente o que se quer, ou o que se espera, pior ainda, o que se acha. Veja este exemplo: A maior parte dos clientes de uma concessionária de veículos costuma comprar veículos na cor prata, talvez você não perceba que seu novo cliente quer um veículo na cor vermelha, Assim nasce o erro e a frase "Ah, eu achei que era na cor prata...". Imagine a frustração do cliente no ato da entrega do veículo em que a expectativa é receber de uma cor e encontra outra? Evite suposições por falta de perguntas e atenção ao que seu cliente diz, evite o "achismo".

Walcyr Carrasco, em seu texto *É PROIBIDO ACHAR!*, apresenta situações do cotidiano que nos causam sérios problemas em função da falta das perguntas para direcionar nossas ações e evitar o erro.

Chego a casa, à noite, exausto. A mesa vazia. Nada sobre o fogão. Nem no forno. Nem na geladeira. Não há jantar. Pior! Os ovos providenciais acabaram. Sou forçado a me contentar com um copo de leite e bolacha. No dia seguinte, revolto-me diante da empregada.

— Passei fome!

— Ih! Achei que o senhor não vinha jantar!

Solto faíscas que nem um fio desencapado ao ouvir o verbo "achar" em qualquer conjugação. É um perigo achar. Não no sentido de expressar uma opinião, mas de supor alguma coisa. Tenho trauma, é verdade! Tudo começou aos 9 anos de idade. Durante a aula, fui até a professora e pedi:

— Posso ir ao banheiro?

Ela não permitiu. Agoniado, voltei à carteira. Cruzei as pernas. Cruzei de novo. Torci os pés. Impossível escrever ou ouvir a lição. Senti algo morno escorrendo pelas pernas. Fiz xixi nas calças! Alguém gritou:

— Olha, ele fez xixi!

Dali a pouco toda classe ria. E a professora, surpresa:

— Ih... eu achei que você pediu para sair por malandragem!

Vítima infantil, tomei horror ao "achismo". Aprendi: sempre que alguém "acha" alguma coisa, "acha" errado. Meu assistente, Felippe, é mestre no assunto.

— Não botei gasolina no carro porque achei que ia dar! – explica, enquanto faço sinais na estrada tentando carona até algum posto.

Inocente não sou. Traumatizado ou não, também já achei mais do que devia. Quase peguei pneumonia na Itália por supor que o clima estaria ameno e não levar roupa de inverno. Palmilhei mercadinhos de cidades desconhecidas por imaginar que hotéis ofereceriam pasta de dente. Deixei de ver filmes e peças por não comprar ingressos com antecedência ao pensar que estariam vazios. Fiquei encharcado ao apostar que não choveria, apesar das previsões do tempo. Viajei quilômetros, faminto, por ter certeza de que haveria um bar ou restaurante aberto à noite em uma estrada desconhecida.

Há algum tempo vi um livro muito interessante em um antiquário. Queria comprá-lo. Como ia passar por outras lojas, resolvi deixar para depois.

— Ninguém vai comprar este livro justo agora! – disse a mim mesmo.

Quando voltei, fora vendido. Exemplar único.

— O senhor podia ter reservado – disse o antiquário.

— É, mas eu achei...

Mas eu esforço para não achar coisa alguma. Quem trabalha comigo não pode mais achar. Tem de saber. Mesmo assim, vivo enfrentando surpresa. Nas relações pessoais: encontro pessoas que mal falavam comigo porque achavam que eu não gostava delas. Já eu não me aproximava por achar que não gostavam de mim! Acompanhei uma história melancólica.

Dois colegas de classe se encontraram trinta anos depois. Ambos com vida amorosa péssima, casamento desfeito. Com a sinceridade que só a passagem do tempo permite, ele desabafou:

— Eu era apaixonado por você naquela época. Mas nunca me abri. Achei que você não ia querer nada comigo. Ela suspirou, arrasada.

— Eu achava você o máximo! Como nunca se aproximou, pensei que não tinha atração por mim!

Os dois se encararam arrasados. E se tivessem namorado? Talvez a vida deles fosse diferente! É óbvio, poderiam tentar a partir de agora. Mas o que fazer com os trinta anos passados, a bagagem de cada um?

Quando alguém me diz:

— Eu acho que...

Respondo:

— Não ache, ninguém perdeu nada.

Adianta? Coisa nenhuma! Vivo me dando mal porque alguém achou errado! Sempre que posso. Insisto:

— Se não sabe, pergunte! É o lema que adotei: melhor que achar é sempre verificar!

3. Apresente soluções.

Problemas x soluções. O problema é um grande aliado de nosso negócio, uma oportunidade. A partir dele, criamos novos produtos e serviços. Empresas faturam, porque compreendem a necessidade de focar no cliente e transformá-lo em fã de seu negócio, resolvendo seus problemas.

Existe alguém que não quer contratar um seguro de automóvel? Na verdade, não. As pessoas querem ter uma fonte de tranquilidade para todos os assuntos relacionados ao seu carro, como seguro para colisões, guincho e chaveiro.

Você já parou para pensar qual problema ajuda seu cliente a resolver: seja produto ou serviço? Apresentar soluções e não somente produtos faz de seu atendimento o diferencial de negócio do mercado.

Andrew Mason, fundador e presidente do Groupon, o maior site mundial de compras coletivas, disse sobre o grande sucesso do seu empreendimento: *"Nosso crescimento tem tudo a ver com o tamanho do problema que estamos ajudando a resolver"*. E qual é o problema que essa empresa ajuda a resolver?

Os clientes queriam conhecer novos produtos sem ter de arriscar-se a gastar muito. As empresas desejavam mostrar seus produtos e serviços para novos clientes, sem precisar investir em propaganda.

O Groupon resolveu os problemas das empresas e dos clientes: para os clientes, descontos imensos para que conheçam novos serviços pagando pouco; para empresas, a oportunidade de cativar novos consumidores e aumentar seu fluxo.

Por que você consulta o Google em vez de concorrentes dele? Porque resolve melhor seu problema de encontrar informações significativas para suas pesquisas.

Quando compramos um produto ou serviço, queremos mais que apenas ser atendidos. Queremos a certeza de que o que compramos resolve nosso problema.

Referências

FOURNIES, Ferdinand F. *Por que os clientes não fazem o que você espera?* Rio de Janeiro: Sextante, 2006.

SHINYASHIKI, Roberto. *Problemas? Oba!* São Paulo: Editora Gente, 2011.

BEE, Frances. *Fidelizar o Cliente.* São Paulo: Nobel, 2000.

RICHAEDSON, Linda. *Como ser um vendedor de sucesso.* Rio de Janeiro: Sextante, 2006.

9

O maior investimento do profissional de vendas

Em regra, os profissionais de vendas têm
a missão de orientar seus clientes para
investir em produtos ou serviços. Mas,
como profissional, tenho que fazer algum
investimento? Nas próximas páginas
descrevo sobre o maior investimento
que fortalece e estabelece a carreira dos
profissionais de sucesso na área comercial

João Paulo Souza

João Paulo Souza

João Paulo possui 13 anos de experiência em vendas, atuou com consultor por mais de cinco anos. É gerente de vendas, autor do livro "Você sabe vender?". Treinador, motiva e orienta equipes de vendas com foco no resultado.

Contatos
www.joaopaulosouza.com.br
WhatsApp: (11) 94743-8100

Quando falamos em investimento, vem em nossa mente que temos que entregar algum valor monetário ou alguma coisa a uma pessoa física ou jurídica em troca de outra coisa. Mas existe outro tipo de investimento que não requer bens materiais. O profissional de vendas, em suas atividades diárias, sempre tem em mente que o investimento ocorre por parte do consumidor. Mas o consultor de vendas que tem como objetivo o sucesso em sua carreira deverá sempre investir em relacionamento que vai gerar vendas constantes.

Em junho de 2013, eu estava em um treinamento de vendas e na sala tínhamos 25 profissionais de vendas. O objetivo era desenvolver o potencial de cada profissional e em 30 dias inserir fundamentos essenciais para o sucesso em vendas. Durante esse treinamento de desenvolvimento profissional, perguntei **"Qual o investimento que todo profissional de vendas deve fazer, que gera vendas constantes?"**. As respostas foram muitas, dentre elas vou destacar três:

1ª Resposta – Investir em treinamento e desenvolvimento – Essa resposta deu uma baqueada, pois vem ao encontro do que mais defendo: eu acredito que o treinamento e desenvolvimento profissional é um pilar que sustenta o sucesso do profissional de vendas, mas não é essa a resposta para a pergunta que fiz.

2ª Resposta – Investir em tecnologia – Comércio e tecnologia, um casamento que dá certo. Para ter rapidez no processo de vendas, a tecnologia faz um papel crucial, pois reduz custo, tempo e organiza as atividades diárias. Mesmo sendo uma ferramenta fundamental, a tecnologia não faz parte da minha pergunta.

3ª Resposta – Investir *marketing* pessoal – O *marketing* pessoal é uma ferramenta poderosa que pode ser utilizada a qualquer momento, independentemente de ser um profissional de vendas veterano ou novato, mas também não é a resposta para a minha pergunta.

Sabemos que as três respostas são importantes na carreira dos profissionais de vendas, mas não se encaixam na minha pergunta. **Mas, qual investimento que todo profissional de vendas deve fazer que gera vendas constantes?** A resposta para essa pergunta é o **relacionamento comercial duradouro.**

Mas o que é relacionamento? De acordo com o dicionário, "relacionamento é o ato ou efeito de relacionar-se; capacidade, em maior ou menor grau, de relacionar-se, conviver ou comunicar-se com os seus semelhantes etc.". Em resumo, o relacionamento é uma troca de experiências e convivência. Dentre todos os tipos de relacionamentos, vamos desenvolver nosso raciocínio no relacionamento comercial, ou seja, entre o profissional de vendas e o cliente.

O relacionamento comercial duradouro, além de manter os clientes já existentes, gera novas indicações.

Não é fácil se relacionar com pessoas que têm os pensamentos, interesses e desejos diferentes dos nossos, mas, para ter um relacionamento saudável e verdadeiro, os envolvidos não precisam se tornar pessoas diferentes do que já são. O verdadeiro relacionamento é quando existe compreensão, verdade, confiança e respeito entre os envolvidos. Muitos profissionais acreditam que a mesma estratégia de relacionamento funciona com todos os clientes, existem profissionais que fortalecem o relacionamento em festas, nos barzinhos de música ao vivo, nos churrascos entres amigos, no futebol do fim de semana e o cliente em potencial que não frequenta esses ambientes? Acredito que o relacionamento está alicerçado em outros fundamentos, que nem sempre são observados pelos profissionais da atualidade.

Vivemos em uma época onde os relacionamentos têm que ser motivados com atitudes verdadeiras, pois o que é positivo e ruim rapidamente está na boca do povo, pois as informações se propagam muito rápido.

Vamos descrever sete erros cometidos por profissionais que prejudicam a sustentabilidade e durabilidade de qualquer relacionamento.

1) **Falta transparência na comunicação:** a comunicação é muito importante na vida e nos negócios, mas pode ser transferida ao ouvinte de maneira transparente ou ocultar informações, que é a falta de transparência. Com isso, perde-se um elemento fundamental nos negócios que é a confiança. Quando o profissional transfere informações sem transparência, comete um erro grave, que pode levar à perda do cliente para sempre. A comunicação clara é sempre boa para as partes, a falta pode gerar transtornos irreparáveis.

2) **Críticas:** quando existe um apontamento das falhas de outrem , a companhia de quem critica deixa de ser prazerosa. John Wanamaker, um respeitado comerciante da Filadélfia, Pensilvânia, EUA, que viveu entre os anos de 1838 a 1922, disse certa vez que: "Eu aprendi que é uma loucura a crítica.". O escritor Dale Carnegie descreveu no clássico *Como fazer amigos & influenciar* pessoas o seguinte: "A crítica é fútil, porque coloca um homem na defensiva, e , comumente, faz com que ele se esforce para justificar-se. A crítica é perigosa, porque fere o precioso orgulho do indivíduo, alcança o seu senso de importância e gera ressentimento.". A crítica é a barreira que separa os seres humanos.

3) **Cobranças excessivas:** as cobranças excessivas no relacionamento geram uma pressão com obrigação. O relacionamento está ligado à doação e não à obrigação, quando gera pressão, ocorre um recuo por parte de

quem a cobrança é direcionada, pois a relação se torna um fardo. Vamos imaginar um consultor de vendas que quer vender seu produto. Após passar uma proposta e o cliente falar que tem a pretensão de comprar, o profissional de vendas fica ligando, constantemente cobrando. O profissional tem, sim, que marcar presença, agora ficar em cima, colocando pressão para o cliente comprar, acaba tornando-se uma situação constrangedora.

4) **Mentiras:** o profissional que escolhe a mentira como ferramenta para se livrar de uma situação que gera desconforto está destruindo o elo que une as pessoas. Existe também a mentira camuflada de omissão, ou seja, o profissional chega a falar que não mentiu e sim omitiu. Há um famoso ditado popular que diz "A mentira tem perna curta.", que significa que toda ação mentirosa, mais cedo ou mais tarde, acaba por ser descoberta. E nenhum relacionamento prevalece com este fundamento, alicerçado na mentira.

5) **Egoísmo:** o profissional de vendas egoísta é aquele que só olha para os benefícios próprios, não leva em consideração os sentimentos e anseios alheios. Um profissional de vendas egoísta, em uma negociação, quer sempre vender o produto que lhe dê maior prêmio, não prioriza as necessidades dos clientes. Profissionais com atitude egoísta, além de prejudicarem os clientes, são uma barreira para os colegas de trabalho. Como consequência, não exercem suas atividades em equipe, quando em contato com um grande negócio, fazem de tudo para pegar a venda para si, em muitos casos, nem perguntam se o cliente já está sendo atendido por outro profissional na empresa.

6) **Fofoca:** segundo o dicionário, a fofoca é uma conversa informal e geralmente distorcida sobre a vida alheia. A fofoca age como uma praga e se espalha rapidamente

entre as pessoas dentro dos relacionamentos. Da mesma maneira que a lenha é combustível para o fogo, aquele que dá ouvidos aos mexericos alimenta uma tendência que pode provocar as discórdias entre aqueles com quem até pouco tempo conviviam em harmonia.

O profissional que faz comentários maldosos, principalmente longe da pessoa que é o foco da conversa, além de cometer um grave erro, nunca terá um relacionamento confiável.

7) **Desconfiança:** afinal, o que é desconfiança? É o contrário da confiança e o dicionário Aurélio define confiança como: 1. Segurança íntima de procedimento 2. Crédito, fé. 3. Boa fama. Nos relacionamentos, confiança é reciprocidade, é mutualidade. Se não for uma via de mão dupla, ela não existe. Confiança é respeito, e, sobretudo, fidelidade. Mas a confiança brota de dentro, logo, quem não confia em si próprio, tampouco confiará no outro. Profissional de vendas que não transmite confiança terá menos chances de fazer grandes negócios.

Concluímos, portanto, que todo profissional de vendas deve investir em treinamentos, convenções, literaturas e tudo que agrega valor em sua carreira, pois o investimento sempre fará um diferencial, mas nunca deixar o relacionamento que é o maior investimento de todos.

Referências

CARNEGIE, Dale. *Como fazer amigos e influenciar pessoas*, 52ª ed. São Paulo: Companhia Editora Nacional, 2012.

PEARROTT, Les e Leslie, *Relacionamentos*, 3ª ed. São Paulo: Vida, 2001.

10

Atendendo seu cliente pelo telefone – e não é *telemarketing*...

Todos os dias, inúmeras ligações telefônicas são feitas e atendidas nas empresas. Será que estamos atendendo corretamente nosso cliente pelo telefone? Este capítulo irá demonstrar como melhorar a qualidade do atendimento ao cliente via telefone nos ambientes corporativos, com uma abordagem diferente do tradicional *telemarketing*

Mabel Cristina Oliveira

Mabel Cristina Oliveira

Pós-graduada em Gestão de Pessoas e Psicopedagogia. Bacharel em Secretariado Executivo Bilíngue. Palestrante e instrutora há mais de 10 anos em diversos eventos da área secretarial, administrativa, atendimento, organização de eventos, etiqueta e comportamental. Experiência profissional de 15 anos como Secretária Executiva em empresas de grande porte. Docente e Coordenadora de cursos superiores em Secretariado Executivo Bilíngue. Docente dos cursos técnicos de Administração e Secretariado do Centro Paula Souza. Entre as empresas já atendidas estão Codesp – Porto de Santos, Grupo Rodrimar, Ciesp, Libra Terminais, Hospital Santa Casa de Santos, Carbocloro, entre outras. Autora do livro "Atendimento Telefônico sem Mistérios", pela Editora Nelpa. Docente de cursos técnicos e superiores e consultora nas áreas de cursos, treinamentos e palestras.

Contatos
mabelcristina.oliveira@gmail.com
Facebook: https://www.facebook.com/mabelcristina.oliveira
(13) 99187-9699

Quando pensamos em atender nosso cliente pelo telefone, o primeiro conceito que nos vem à cabeça é o *telemarketing,* com toda a sua formalidade, rigidez, impessoalidade, *scripts* prontos e inflexíveis, além de falta de tato com o cliente. Porém, esquecemos de um fato importante e que geralmente passa despercebido na nossa rotina de trabalho: nós atendemos nossos clientes via telefone e muitas vezes cometemos grandes erros.

Mesmo com o avanço da tecnologia que nos proporciona comunicadores instantâneos por texto no computador ou celular ou o uso de *e-mail´s,* o telefone ainda é uma ferramenta imprescindível nas organizações. A comunicação é rápida, imediata. Você não precisa esperar que seu interlocutor leia e responda seu texto. A comunicação oral via telefone é eficaz não só para a transmissão de uma mensagem, mas também para identificar o tom de voz, o humor e a receptividade da pessoa.

Mesmo sendo tão importante e presente, muitas vezes esse tipo de comunicação é usada de maneira errada nas corporações. Deixando de lado aspectos técnicos (falha ao completar a chamada, sons distorcidos, falta de sinal etc.), as falhas no processo da comunicação são presentes e muitas vezes latentes. Podemos citar entre as principais falhas:

— Demora para atender a chamada;

— Deixar o cliente na linha sem explicações;

— Falta de empatia e compreensão da mensagem;

— Falta de adequação vocabular (utilização de palavras mais fáceis para o entendimento do interlocutor);

— Uso de gírias, sotaques, barulho, interferência de terceiros etc.

O atendimento telefônico dentro das empresas deve, inclusive, ser um diferencial perante a concorrência. Normalmente o primeiro contato com um novo cliente é feito através do telefone, seja para pegar uma informação ou para agendar uma reunião. Se nesse primeiro contato o cliente for mal atendido, certamente a empresa perderá um possível negócio.

Para compreendermos o papel do atendimento telefônico nas empresas, é necessário observar alguns de seus aspectos:

a) Para o uso correto do telefone como ferramenta de comunicação, é necessário compreender o processo da comunicação e seus elementos:

Emissor: aquele que transmite a mensagem para outro indivíduo através de um determinado canal e código.
Receptor: é o que recebe a mensagem enviada pelo emissor.
Mensagem: é a informação que se deseja transmitir.
Canal de comunicação: é o meio pelo qual a mensagem é transmitida, ou seja, é o recurso que o emissor utilizará para transmitir a mensagem que quer passar ao receptor. Esses canais podem ser sonoros como a voz, músicas, visuais como imagens, quadros ou olfativas e gustativas como o cheiro de um perfume ou o gosto de um alimento.
Código: são signos e regras que o emissor e o receptor da mensagem utilizam para se comunicar eficazmente, ou seja, o repertório que ambos possuem, como, por exemplo, um idioma, um jargão técnico de uma determinada área ou até mesmo um conjunto de signos gestuais, como a linguagem de Libras.
Referente: é o contexto no qual os elementos da comunicação estão inseridos. Podemos também dizer que se trata do cenário no ato da comunicação, como o ambiente de escritório calmo e silencioso ou uma repartição pública lotada e barulhenta.

b) Grande parte do processo e entendimento da comunicação oral se dá pelo contato visual. Isso não ocorre nas chamadas telefônicas, já que, normalmente (exceto em casos de comunicadores por computador com voz e imagem), eu não vejo meu interlocutor. Para transpor essa barreira, é necessário perceber o tom de voz durante a conversa telefônica, além de utilizá-lo de maneira adequada. Um tom de voz seguro, calmo, polido e correto pode fazer toda a diferença na transmissão e entendimento da mensagem. Saber identificar o nível do tom de voz de seu cliente também é fundamental nesse processo, pois com esse *feeling* você pode perceber se ele está irritado, com pressa, receptivo etc., podendo assim direcionar melhor a conversa.

c) Também é necessário (e extremamente importante) identificar sinais de comportamento, personalidade e estado emocional de seu cliente. Como não há o contato visual (o cara a cara com a pessoa), só nos resta, mais uma vez, o tom de voz para realizar esta análise. Problemas nas emoções dos envolvidos na comunicação, tais como preocupação, ansiedade, nervosismo, irritabilidade etc. podem destruir uma conversa via telefone. Verificar estes pontos é fundamental para saber como lidar com estes clientes. Caso atenda um cliente nervoso, é importante aplicar algumas técnicas:

— Nunca interrompa a fala de um cliente nervoso. Deixe-o desabafar e só depois de ele concluir sua fala, entre na conversa;

— Nunca peça "calma" para um cliente estressado. Isso poderá piorar a situação;

— Tenha empatia e paciência com seu cliente. Coloque-se no lugar dele e compreenda seu nervosismo. Muitas vezes, o cliente tem suas razões para reclamar.

Para que o processo da comunicação via telefone ocorra com sucesso, é necessário aplicar algumas técnicas em relação à:

Atendimento e apresentações:

a) **Identificar seu nome e o da empresa rapidamente:** além de ser uma maneira educada de atender ao telefone, também representa uma confirmação de que o cliente está falando com a pessoa e/ou o local desejado.
b) **Ser amigável:** sempre iniciar o atendimento com uma atitude amigável e prestativa. O cliente sentirá uma impressão de preocupação e simpatia.
c) **Ter todos os recursos necessários disponíveis:** quando alguém liga com alguma preocupação ou problema, a última coisa que poderá desejar é esperar que o profissional esteja pronto para atendê-lo. Ter sempre por perto uma lista de preços, especificações técnicas e outras informações pertinentes será bastante útil.
d) **Utilizar o nome do cliente**: esta é uma forma de humanizar o atendimento telefônico e fazer com que o cliente se sinta importante, além de tornar a conversa mais informal, aproximando o cliente da empresa.
e) **Expressar sua vontade de ajudar:** não basta fornecer informações. Fazer com que o cliente veja que o profissional ao telefone e a empresa estão dispostos a ajudar irá fazer a diferença entre a concorrência.
f) **Fazer perguntas:** utilizar o emprego de perguntas poderá encurtar o tempo de duração de uma ligação, além de fazer com que o interlocutor possa ser mais claro e objetivo. O único problema é que esse tipo de técnica pode causar a indução de algum questionamento que o interlocutor não queira, já que sua pergunta era outra, diferente do assunto que aquele que o está atendendo lhe

perguntou, não havendo, assim, a satisfação da necessidade do interlocutor.

g) **Dar opções às pessoas que ligam:** essa técnica poderá dar dois resultados: o controle das respostas recebidas, além de fazer com que as pessoas que ligam acreditem estar participando e tendo opções:

Abaixo, algumas opções para dar às pessoas quando receberem uma ligação:

— Você prefere deixar um recado ou esperar?

— Você prefere ser transferido para atendimento ao cliente ou deixar seu nome e telefone para o Senhor X retornar sua ligação?

h) **Conhecer a empresa:** o controle de uma ligação só poderá ser realmente tomado se o profissional que atende ao telefone possuir total conhecimento sobre a rotina da empresa em que trabalha. Ter ciência de todos os departamentos da empresa, de suas funções, planos e objetivos oferecerá um maior número de opções ao lidar com problemas e solicitações transmitidas via telefone.

Anotando recados:

Apesar da grande tecnologia presente no mercado no ramo de correio de voz, secretárias eletrônicas e outros aparelhos telefônicos de alta tecnologia, há momentos em que é necessário ou mais adequado para o cliente conversar com uma pessoa que possa trocar informações com ele, ao invés de deixar um simples recado em uma máquina. Além disso, anotar recados também é uma das principais atribuições do profissional de atendimento que, quando bem treinado, sabe que não basta pegar um pedaço de papel e escrever o nome de quem ligou. Para melhoria desta tarefa, veja agora algumas técnicas que podem ser empregadas ao anotar recados:

a) **Obter informações completas:** deixar uma mensagem para alguém que diz: "...Ligar para sua irmã...", pode gerar confusão, pois o receptor do recado pode ter duas ou mais irmãs. Esse é um exemplo simples de mensagem incompleta e, para evitar esse tipo de problema, o recado deve ser anotado de acordo com o seguinte esquema:

- Data e horário da ligação
- Nome e sobrenome
- Empresa ou referência (como "Empresa X" ou "indicação do Sr.Fulano")
- Número de telefone completo (inclusive com DDD ou DDI, se for o caso)
- Objetivo da ligação
- Resposta desejada (se houver)
- Informações especiais (melhor horário para retorno da ligação, se pode deixar recado e com quem etc.)

b) **Anotar e/ou soletrar os nomes corretamente:** caso haja alguma dúvida quanto à grafia do nome de quem ligou ou de algum item informado, a melhor atitude a ser tomada primeiramente é perguntar novamente, de maneira educada e cordial. Caso ainda restem dúvidas, o mais indicado é soletrar as palavras.

c) **Avaliar o humor de quem ligou:** por meio dessa análise, a pessoa que atende ao telefone poderá verificar com segurança se o retorno a determinado cliente, que deixou um recado telefônico, deverá ser feito de maneira mais rápida ou não.

Finalização de chamadas:

Na comunicação via telefone, muitas vezes, é difícil perceber o momento de finalizar uma conversa, o que não ocorre em uma conversa pessoalmente, na qual as indicações da finalização são visíveis. Abaixo serão ilustradas algumas técnicas para a finalização da conversa telefônica:

a) **Realizar uma transição suave:** finalizar uma ligação de maneira repentina é tão ruim quanto concluí-la de maneira direta. Essa atitude pode causar uma reação negativa no interlocutor que poderá ter a sensação de falta de cordialidade. Reservar algum tempo para finalizar a conversa gradualmente é o ideal.
b) **Resumir a conversa:** ao resumir a conversa no final da ligação, o atendente poderá ter dois benefícios: finalizar a ligação de maneira gradual e educadamente reafirmar os assuntos discutidos na conversa, esclarecendo possíveis dúvidas.
c) **Despedida:** de maneira cordial ("até logo, obrigado(a)"; "eu é que agradeço..."; ou até um simples "tchau Sr.X, tenha um bom dia..."), assegurando-se de que o cliente teve suas necessidades supridas.
d) **Deixar a outra parte desligar primeiro:** isso pode parecer sem importância, mas deixar as pessoas que ligam finalizarem a conversa primeiro dão a elas o sentimento de controle sobre a conversa, além do profissional de atendimento não correr o risco de desligar o telefone antes de seu interlocutor que ouvirá o último ruído da desconexão.

Todas essas técnicas podem auxiliar o processo de comunicação via telefone nas empresas, que obterão uma melhoria significativa nesse tipo de tarefa e com uma consequente otimização em sua rotina, já que o telefone é uma das principais ferramentas de trabalho no mundo corporativo.

Assim, a comunicação via telefone se tornará mais produtiva, dinâmica, ágil, e até mesmo agradável, pois todos utilizarão uma mesma política que tem com base a cordialidade, a objetividade, a eficácia e rapidez, provocando uma consequente melhora nas relações com os interlocutores e atingindo a qualidade total e a satisfação de todos nesse tipo de atendimento.

Além disso, a regra básica para uma boa comunicação via telefone é que todos os profissionais que precisam do telefone em sua rotina de trabalho se conscientizassem que, ao falar ao telefone, não estão conversando com um simples aparelho e sim com outra pessoa que está do outro lado da linha e todos, sejam esses clientes internos ou externos, fornecedores, entre outros, merecem ser tratados de uma mesma maneira: como seres humanos dotados de emoções e sentimentos que estão inseridos não só em um mundo de negócios, mas também em suas realidades individuais, que devem ser respeitadas. Em resumo: nunca subestime o trato ao telefone, pois um dia você é o atendente e em outro dia, você pode ser atendido. Esta é a lei da empatia. Agora, assuma consigo mesmo o compromisso de se tornar um excelente profissional de atendimento. Obrigada e sucesso!

11

Duas regras de ouro para conquista e fidelização de clientes

As páginas a seguir apresentam duas das principais regras e características que podem nos levar à conquista e à fidelização de clientes

Marcelo Neri

Marcelo Neri

Graduado em Comércio Internacional com Pós-Graduação – MBA – FGV em Gestão de Negócios com Ênfase em Negócios Internacionais e Especialização na UCI- University of California Irvine e Chinese University of Hong Kong. Formado pela ASBA (Association of Ship Brokers and Agents - New York) em Afretamento de Navios.*´Personal and Professional Coach´*. Notória experiência em disputas no âmbito Marítimo. Treinamentos e cursos no exterior sobre Afretamento Marítimo, Arbitragens e Agenciamento Marítimo. Amplo conhecimento das práticas e larga experiência em gestão portuária e consultoria em logística. Atua há 24 anos prestando assessoria a empresas ligadas aos Portos Brasileiros no ramo de Agenciamento Marítimo, Operação Portuária e Afretamento de Navios. Empresário do setor como Sócio-Diretor da Alphamar Agência Marítima. Atual Presidente do SINDAMAR - Sindicato das Agências de Navegação Marítima do Estado de São Paulo. Atua na gestão de todos os procedimentos administrativos, operacionais e comerciais no segmento de *'shipping'* no mercado *´Tramp´*.

Contatos
marcelo.neri@alphamarship.com.br
(13) 99707-9706

Muito se fala sobre o que fazer para conquistar o cliente e agradar-lhe . As páginas a seguir apresentam duas das principais regras e características que podem nos levar à conquista e à fidelização de clientes.

Quando fui convidado a dar minha contribuição para este livro, que trata de relacionamento com clientes, pensei: "O que poderei escrever sobre um tema com tanta literatura e experiências já compartilhadas por tantos autores renomados que contribuíram e contribuem não somente com o assunto de forma superficial, mas também com os aspectos psicológicos e os diversos estudos que tentam explicar os hábitos e o poder que têm na mente do ser humano?".

Decidi focar no que acredito serem duas das principais regras para a conquista e fidelização de clientes. Muito do que escrevi a seguir traz a influência de duas linhas de pensamento com as quais compartilho minha admiração. Refiro-me aos autores Napoleon Hill e Jeffrey Gitomer.

Conquistar e fidelizar são duas etapas distintas no relacionamento com clientes e, na maioria dos casos, demandam atitudes diferentes. Para falar sobre isso, preferi me ater à venda de prestação de serviços, a qual é minha especialidade.

A primeira regra de ouro está atrelada à conquista. A segunda está ligada à manutenção e à fidelização. A primeira é a arma que temos para nos aproximarmos daquele que ainda não é nosso cliente, mas sendo um potencial, que ainda não nos conhece, nos traz grandes dificuldades para atrairmos sua atenção. A segunda regra nos dá a oportunidade, considerando que tivemos sucesso na primeira etapa que trata da conquista, de construir nossa história com credibilidade e promover a aceleração das vendas. Essa credibilidade pode gerar o efeito bola de neve, com um aumento de clientes, por meio da mais poderosa propaganda, a indicação feita a outros potenciais clientes pelo próprio cliente.

A primeira regra é: **PROVER VALOR PRIMEIRO.**
A segunda regra é: **GERAR CONFIANÇA.**
Vamos a elas.

Prover valor primeiro

Muitas estratégias de venda estão focadas em você mesmo e na sua empresa. Existe alguma coisa errada em vender sua empresa e seus serviços e fazer o próprio *marketing* pessoal? Claro que não. Afinal de contas, nós temos que apresentar nossos serviços e procurar demonstrar a qualidade do que estamos oferecendo. Mas, hoje, isso está longe de ser o suficiente.

De agora em diante, aqueles que desejarem oferecer seus serviços com sucesso terão que reconhecer que a enorme mudança ocorrida nas relações entre empregado e empregador nos últimos tempos serve também para o cliente e o prestador de serviços.

Os tempos mudaram. A relação tomou um aspecto de real parceria. Não podemos mais virar as costas para as pessoas porque achamos que aquilo não faz parte do nosso escopo de serviços. Hoje, para nos diferenciarmos, temos que estar às ordens dos clientes, partindo até mesmo para outras áreas de atuação que não sejam nossa especialidade, buscando prover trabalhos artesanais para complementar nossos serviços, sob a demanda daqueles que buscam comprar. Creio que isso não seja tão fácil para as grandes corporações que têm seus sistemas menos flexíveis. Nesse aspecto, acredito no favorecimento das empresas de menor porte. Boa conduta, extrema cortesia e tecnicalidade em sinergia com qualidade, diferenciação (quantidade de serviços) e o adequado espírito de cooperação, estão entre os atributos que fazem parte do pacote para o sucesso e a sustentabilidade nas vendas. De igual forma, sem uma conduta e espírito harmoniosos, não teremos o máximo sucesso no marketing pessoal e empresarial.

Segundo Napoleon Hill: ´Os tempos de "colher" foram substituídos pelos tempos de "plantar", portanto não devemos mais ter pressa e nos submeter a pressões do mundo dos negócios. Devemos ter consciência de que nossos serviços e marketing pessoais devem se confundir com os serviços empresariais, pois estão sujeitos às mesmas regras de conduta, necessitando ter um pensamento de longo prazo, em que a credibilidade e a sustentabilidade se fazem importantes para o sucesso e a melhoria contínua.

Conforme dissemos, o mundo de hoje é muito diferente daquele em que vivíamos há pelo menos uns vinte ou trinta anos. Traz mais informações e opções para o comprador e potencial cliente. Existem mais fornecedores e menos consumidores. Hoje, a exigência por um serviço de qualidade, em um ambiente onde a capacidade de criação e inovação se supera dia a dia, coloca-nos na posição de termos que desenvolver uma estratégia com foco único, uma aproximação diferenciada, com a habilidade de engajar o potencial cliente de uma forma que atraia sua atenção e seu interesse. Portanto, não temos que nos preocupar com um sistema rígido para a venda de nossos serviços. Temos que construir uma estrutura e desenvolver uma estratégia direcionada ao foco de nosso potencial cliente. Construir algo que leve informação de qualidade e soluções práticas para os negócios de nosso eventual comprador. O ponto-chave deve ser o planejamento e a execução do que faremos, a fim de atrair a atenção daquele de quem desejamos ser parceiro. O foco não seria somente apresentar e tentar vender nossos serviços, mas alinhar a estratégia e o conhecimento, com as habilidades e ferramentas do seu serviço, com algum valor agregado, alguma solução baseada no mercado e dificuldades do cliente. Vejam que o objetivo, nesta fase de início de relacionamento, não se trata somente de apresentar sua empresa, quem é você e quais os diferenciais daquilo que pretende vender. Para atrair a atenção desse que ainda não é seu cliente, temos que dar um passo à frente e, em conjunto com aquilo que pretendemos oferecer, prestarmos algum tipo de consultoria com trabalhos específicos de produção de boa informação, realizados sob medida às necessidades do mercado e demandas do futuro comprador.

Em outras palavras, nós, que vendemos nossos serviços, passaríamos a ser uma empresa de consultoria que não cobrará por isso, mas que utilizará este diferencial, este ´trabalho extra´, como um grande chamariz para vender o que queremos que o cliente compre.

Vejamos também outras chaves para o sucesso, que estão atreladas a esta primeira regra de ouro. Foquemos na boa informação e em novas ideias. Como os melhores em nosso ramo sabem, toda boa informação e boa ideia, geradas no tempo certo, significam poder e dinheiro. O real valor de capital de informação e ideias pode ser determinado pelo montante de renda gerada para o cliente com a compra dos seus serviços. Boa informação e ideias valem mais que dinheiro. Qual é a melhor maneira de conseguir boas informações para um cliente? Alinhe a informação e a leve ao cliente dando suporte para o negócio dele.

Enviar brochuras e panfletos com a apresentação de sua empresa, via correio ou mesmo por *e-mail*, mesmo que isso seja parte do seu plano de vendas, pode ser uma grande perda de tempo. Atualmente, uma das principais ferramentas ante a correria e dinâmica desenfreada é a de administração do tempo. Temos que prover informação para o cliente que seja crucial de ser lida quando chega. Por exemplo, em vez de enviar a apresentação de sua empresa, na tentativa de marcar uma reunião com um potencial cliente, envie a seguinte mensagem:

"Nós temos uma apresentação e algumas ideias que gostaríamos de mostrar aos Srs. (aqui podemos revelar o conteúdo das ideias e apresentação). Temos certeza de que serão do interesse dos Srs. Apreciaríamos 30 minutos do seu tempo. Estamos convictos de que seu tempo não será desperdiçado com a demonstração que temos a fazer."

Temos uma boa razão para aproximar nosso potencial cliente. Não somente nos aproximarmos para tentar vender serviço. Antes disto, temos que pesquisar, planejar e executar o necessário, com foco no mercado do cliente, para que a ´chamada fria´ - *´coldcall´* - se transforme em algo que atraia a atenção daqueles de quem estamos nos aproximando e faça com que um vínculo inevitável seja criado. Para isso, devemos PROVER VALOR PRIMEIRO e fazer com que este valor seja percebido por nosso interlocutor.

Se o cliente não precisa do serviço, não existe uma venda. Entretanto, muitas vezes, é preciso ajudar o cliente a descobrir aquilo que nem sabe que precisa e, em seguida, demonstrar que pode preencher essa necessidade por meio de um estudo sobre seu mercado.

Necessitamos determinar quais desafios e metas do cliente, bem como saber o que está precisando em termos de informação. Um estudo do que os clientes mais gostam e não gostam em nossa concorrência é um ponto de extrema relevância para a produção de valor.

Geralmente, investimos nossa atenção na elaboração de propostas e na apresentação de nossos serviços, mas um tempo ínfimo no levantamento do perfil do cliente e de seu mercado durante o período em que estamos o conhecendo. Isso nos faz fracassar nas vendas.

Não é preciso dizer que trabalhar duro em planejamento e pesquisa para realizarmos os trabalhos específicos de consultoria sobre o mercado do cliente, para atraí-lo, se faz necessário. Conforme dito aqui, acredito no trabalho de médio e longo prazo para a captação e fidelização de clientes. Aqui, a máxima `Sem esforço não há recompensa´ é imperativa.

O analista de dados, profissão bem valorizada hoje, a qual pode ser crucial nas equipes comerciais e de vendas, tem extrema importância para a primeira regra de ´PROVER VALOR PRIMEIRO´. Esse profissional valoroso, além de dominar as ferramentas técnicas necessárias para a pesquisa e execução dos trabalhos, deve também dominar o conhecimento do negócio e mercado que se propõe a analisar.

Depois que os clientes passam a perceber e reconhecer o valor que estamos provendo, passam a nos procurar, criando a dependência de que necessitamos para a conquista e fidelização. Sabemos que estamos provendo valor quando nossos potenciais clientes permanecem conectados conosco, nos aproximam, nos fazem mais perguntas, se interessam e querem comprar nossos serviços.

Colocar-se à frente das pessoas que decidem e dizem 'sim' para nossos serviços e proveem valor sem cobrar nada, é um dos segredos do sucesso em vendas.

Esta é a primeira regra: "PROVER VALOR PRIMEIRO". O que fazer para ganhar a lealdade do cliente? A lealdade começa a ser construída depois que a venda for feita e o serviço for entregue. Nesse momento, o cliente começa a julgar o valor e a qualidade dos serviços baseado na percepção. Portanto, a percepção do cliente é outro ponto crucial, pois deverá ser a realidade enxergada. Excelentes serviços podem ser providos. Mesmo assim, devemos ficar atentos para que a lealdade do cliente seja conquistada.

Podemos, então, partir para a segunda regra de ouro. Não tenho dúvida de que esta regra é uma das principais características para que possamos exercer, com primazia e sucesso, as realizações no âmbito profissional e no pessoal. Este é um dos pilares principais do desenvolvimento saudável do ser humano. Nossa segunda regra trata de: "GERAR CONFIANÇA".

Gerar confiança

Em quem você confia? Por que confia? Quem confia em você? Por que confiam em você? Como ganhar confiança? Como se tornar confiável? Como perder a confiança? Por quê? Podemos recuperar a confiança perdida? Quão importante é a confiança para as relações comerciais e de negócios? Quanto é importante a confiança para suas relações pessoais?

As respostas para essas perguntas podem nos auxiliar na geração da confiança da qual necessitamos para um negócio, uma venda, uma relação e uma empresa serem sustentáveis, e o cliente ser fiel. Não vamos nos ater às respostas para as perguntas, mas focar na relevância da confiança no relacionamento com os clientes. Depois de certo tempo de relacionamento, não devemos dizer 'confie em mim'. Isso não é o ideal. Aquele que gera confiança não precisa dizer isso.

As palavras de Frank Crane ecoam em minha mente, desde que as li pela primeira vez: "Você talvez possa ser enganado se confiar muito, mas você viverá em tormento se não confiar o bastante". A maioria das pessoas não procura as mais competentes do mundo para o desenvolvimento de seus negócios ou para a compra de seus serviços. Procura em quem possa confiar.

A palavra confiança é pouco empregada pelos indivíduos. Quantos de nós a usamos, por exemplo, quando estamos nos descrevendo para uma vaga de emprego? Quase nunca. Pelo menos não me lembro de ter visto isso antes.

Para desvendar e mostrar o caminho para o que está por trás da falta do processo de geração de confiança no mercado e nos relacionamentos, é preciso que se fale de uma característica que classifico como qualidade: autenticidade.

A confiança é gerada pela autenticidade. Muitos vendedores procuram ser autênticos. Poucos o são. Não é você que deve se qualificar como uma pessoa autêntica. O cliente é que deve perceber isso. A autenticidade deve ser natural. Se é autêntico, não precisa provar. A fortaleza da autenticidade, que gera confiança, não precisa ser traduzida em palavras.

Ser autêntico é ser honesto com as palavras. Ser verdadeiro por meio da passagem dos fatos gera confiança. Oferecer informações de utilidade é autêntico e semeia confiança. Autenticidade anda de mãos dadas com mansidão, com singularidade, com entusiasmo, com a manutenção de um estilo próprio, com bom humor, com didática, com autoconfiança e com sinceridade. Autenticidade é a combinação entre dizer, fazer e ser.

Dizer ´não sei´ quando não sabemos é ser autêntico. Mover-se para o lado oposto da multidão, é mostrar autenticidade. Necessitamos confiar em nós mesmos antes de confiarmos em alguém e termos outras pessoas confiando em nós. Confiar primeiro, dando o benefício da dúvida a outras pessoas, torna-nos vulneráveis e é perturbador, ao mesmo tempo em que é recompensador ao colhermos novas ideias, conhecimentos, possibilidades de relacionamentos mais duradouros. A abertura de um canal de confiança mútua.

Mesmo que contabilizemos algumas decepções, o resultado final no pessoal e no profissional é extremamente rico.

Para conquistarmos a confiança dos clientes, devemos mostrar tudo que ocorre no mundo real, mesmo que isso vá contra nossas vendas. Estabelecer empatia e amizade com os clientes é o mundo perfeito para aumentar o grau de confiança. Obter engajamento de seus interlocutores também é importante. Podemos conseguir isso quando focamos mais no negócio deles, estudando e fazendo perguntas pertinentes, em vez de apenas apresentarmos e falarmos de nossos negócios. Depois de conseguirmos verdadeiramente os engajar, podemos prover de valores tangíveis aos clientes, diferenciando-nos do restante de nossos concorrentes, pois estaremos auxiliando no crescimento do negócio daqueles que nos dão negócios. Para estabelecermos confiança mútua, devemos nos empenhar em focar nos clientes, com o discurso sobre eles, para eles e não sobre nós. Você não deve apenas conhecer o serviço, o produto ou potencial cliente. Deve estudar e conhecer o negócio, o mercado, a indústria dele. Se fizer apresentações em *Powerpoint* ou com quaisquer outras ferramentas, faça algo que engaje seu cliente, que possa auxiliá-lo no negócio, e não simplesmente apresentar seus serviços, por mais que tenha que ser feito em determinado momento.

Este livro trata de relacionamento com clientes. Bons relacionamentos são importantes? Pergunta óbvia. Claro que são. Todos dizem que são. Mas como nos relacionarmos bem para termos a satisfação do cliente? Ou ainda melhor questionado: como nos relacionarmos bem para conquistarmos a LEALDADE do cliente? Esta é a palavra. LEALDADE. Para a conquistarmos, devemos ser leais primeiro.

Sabemos o que devemos fazer agora.

Mãos à obra!

12

O cliente é o novo chefe. Estratégias para atrair, manter e fidelizar o cliente

O poder de escolha do cliente está cada vez mais forte e o mundo conectado colabora para o acesso a todo tipo de informação sobre os produtos. As empresas devem criar estratégias para atrair, manter e fidelizar o cliente

Patrícia Narciso

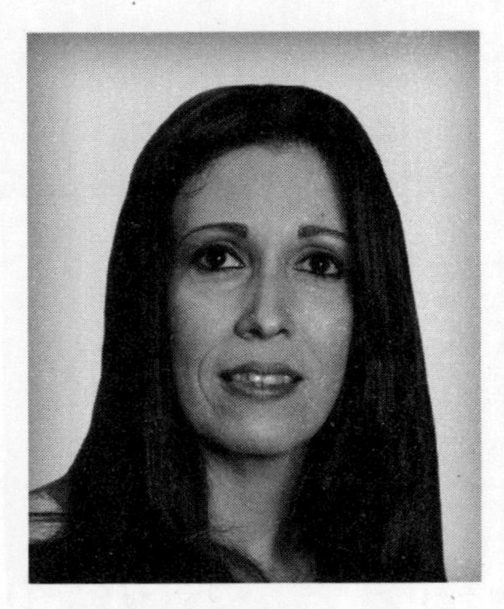

Patrícia Narciso

Diretora Executiva do Centro Oncológico de Niterói. Sócia - Diretora da Narciso Consultoria. Coautora do livro *Coaching-aceleração de resultados* – Editora Ser Mais. MBA Executivo na COPPEAD. APG - Programa de gestão avançada da AMANA KEY. Ex-avaliadora da FNQ (Fundação Nacional da Qualidade). Criadora do método Quanto melhor é, melhor fica. Consultora empresarial com mais de 15 anos de experiência na área de reestruturação de empresas, planejamento estratégico e desenvolvimento de lideranças. Palestrante para empresas na área de desenvolvimento de lideranças, motivacional e vendas. Enfermeira graduada pela Universidade Federal do Rio de Janeiro.

Contatos
www.patricianarciso.com.br
www.facebook.com/quantomelhor
contato@patricianarciso.com.br
(21) 99977-4955

O mundo globalizado, conectado e informado, é o grande desafio de todas as empresas para atrair, manter e fidelizar o cliente. Vender não é apenas questão de ter bom produto ou serviço é, antes de qualquer coisa, cativar e encantar seu cliente.

Com a quantidade de produtos e serviços disponíveis, o cliente passou a ter um leque de escolhas e se mantém menos fiel a determinados produtos ou serviços, que já tenham sido utilizados anteriormente. As ofertas vêm de todos os lados: pontos de venda, *sites*, redes sociais, *blogs* e as empresas têm que se especializar em áreas até então desenvolvidas de forma tímida, como a venda pela internet, o uso da imagem de terceiros e outros artifícios para despertar o interesse do cliente por seu produto ou serviço.

Inovar é uma questão de sobrevivência em qualquer mercado, já que a conectividade do cliente tira a oportunidade de um atendimento mais personalizado e direcionado. Ele quer tudo o que a empresa possa oferecer. Não existe mais cliente que compra somente porque precisa de determinado produto ou serviço, quase tudo são *commodities* tanto em serviços quanto em produtos.

O que vale então? A experiência que é vivenciada por ele antes, durante e após a venda. As empresas e seus vendedores devem criar estratégias e ações criativas para atraí-lo nesse mercado tão diverso e competitivo, ter produtos, serviços e experiências para mantê-lo dentro da sua empresa e desenvolver estratégias *Premium* para fidelizar aquele que se tornará importante na sua carteira, como o formador de opinião e o com grande capacidade de consumo.

Mundo conectado, clientes dispersos

A internet revolucionou o modelo de venda. É possível comprar qualquer coisa sem sair do sofá. As pessoas escolhem seus produtos ou serviços com apenas um clique e a possibilidade de comparação entre preço, prazo e qualidade é imediata. O cliente que decide ir ao ponto de venda - muitas vezes, com o produto já escolhido - precisa viver outra experiência: o atendimento do vendedor. O produto é ótimo, mas a venda não é fechada, pois ele não acredita no vendedor ou perde o interesse na compra. Pega o celular e escolhe outro lugar para fazer suas compras.

A conectividade inseriu as empresas que não tinham um mercado definido e abriu a possibilidade de ter mais canais de venda e comunicação com o cliente das mais diversas regiões. Não existe mais um limite para a concorrência. Ela saiu do âmbito de seu vizinho ao lado. As empresas devem perceber que o cliente possui muita informação e decide de forma emocional. Muitas enfrentam grande dificuldade ao lidar com a dispersão fornecida pela tecnologia. Portanto, a atração deve ser feita de forma criativa e inovadora, já que pretende prender a atenção no seu produto ou serviço. O cliente deseja se sentir especial e único, mesmo que sua compra seja feita *online*.

A escolha feita pelo cliente por determinado produto ou serviço está ligada à diferenciação e às condições de inserção na sociedade. É fundamental conhecer o perfil dele e seus novos hábitos. Só assim, conseguirá chamar a atenção para seu produto.

O cliente deseja algo que não sabe expressar, mas que o diferencie e o iguale aos outros. O mundo conectado cria, ao mesmo tempo, o afastamento e a proximidade do cliente e dos produtos. Quando ele quer fazer uma compra de determinado produto, busca saber como é, seu valor e as experiências que outras pessoas tiveram ao adquiri-lo. Esse fato gera grande proximidade com o produto. Mas o que leva o cliente a entrar em uma loja e não em outra para adquirir o mesmo produto? A proximidade com sua residência, o preço mais atrativo, a recomendação de alguém, alguma experiência anterior na compra de outro produto. Por isso, já que ele entrou na loja X, o importante é não deixá-lo sair sem fechar a venda.

Aí é que mora o segredo de uma experiência que encanta e atende às expectativas do cliente. Uma equipe bem treinada, ações criativas e um produto que atenda ao desejo dele são os materiais básicos para atrair o novo chefe das empresas: o cliente.

A atração, a manutenção e o encantamento do cliente

O cliente é atraído à realização de uma compra pelos motivos mais diversos. A empresa deve analisar quais são os fatores de atração do seu produto e para quem é destinado. É preciso conhecer quem compra e os motivos que o levam a entrar na sua empresa. Caso queira que o cliente conheça seu produto e se sinta atraído, é preciso desenvolver quatro pontos principais:

- Boa imagem do produto e da empresa;
- Vendedores bem treinados e conhecedores do produto;
- Divulgação em diversos canais de comunicação;
- Estratégia e ações de *marketing* criativas;

Para que escolha sua empresa e seu produto, é preciso estudar o perfil do cliente e seus hábitos de forma que as ações sejam voltadas para atender a suas expectativas mínimas: o ato de comprar determinado produto que tinha interesse e precisava. Em termos gerais, a maior questão é como transformar o momento da compra em uma relação entre a empresa e o cliente, que agora passou a ser o chefe, já que decide onde, como e o que espera de um determinado produto.

O cliente modificou a lógica dos negócios e todos dependem da sua decisão e dos seus desejos. Todas as empresas passam a lidar com questões subjetivas e emocionais dele e precisam desenvolver um atendimento criativo e uma venda direcionada às suas expectativas. O cliente deseja mais do que adquirir um determinado produto, quer ter uma experiência única e se sentir diferenciado e atendido de forma ampla. Não adianta a empresa ter um produto ótimo se o vendedor não passa credibilidade e segurança para o cliente, ou mesmo se não é criativo e perceptivo aos desejos dele.

As empresas devem focar em formar uma boa equipe de vendas, com grande conhecimento do produto e das relações humanas. O vendedor precisa despertar o desejo da compra no cliente e criar empatia para que ele possa voltar muitas vezes à empresa. Atrair um cliente é difícil, mantê-lo é o grande desafio. Muitas vezes, o cliente acaba se fidelizando aos vendedores e não ao produto ou à empresa. No setor de serviços, isso fica explícito: a mulher vai a um salão e adora o atendimento de todos, mas se fideliza ao cabeleireiro que a atende regularmente. O profissional troca de salão de beleza e a cliente vai atrás dele, não se tornando fidelizada ao antigo salão.

A manutenção e fidelização na área de serviço é um grande desafio, já que o cliente cria laços com quem atende e não com a empresa. Por isso, as empresas de serviço devem encantar e surpreendê-lo com mais frequência, criando e mantendo laços. Depois de mantê-lo na sua empresa e comprando seu produto, é preciso fidelizá-lo. Para que ele se sinta fidelizado, é preciso que a empresa invista em relacionamento. Várias estratégias podem ser utilizadas na construção do relacionamento, mas é preciso ter pontos de verificação da fidelização, como a indicação de sua empresa ou do produto para outras pessoas, frequência de compras, retorno sobre o produto e canais de comunicação para o cliente se expressar.

O retorno da empresa é fundamental para que o cliente se sinta integrado e respeitado. Assim, ele cria um modo novo de consumir: participativo e determinante, já que indica o que deseja e como pensa. O cliente é o chefe e determina qual o melhor produto, o quanto está disposto a pagar e como a venda deve acontecer.

O cliente fidelizado vende para sua empresa

As estratégias para atrair e manter o cliente na sua empresa, consumindo seu produto, são a base para fidelizá-lo. Para isso, a equipe de vendas deve entender que seu principal papel é servir e criar um ambiente propício para que a venda ocorra, surpreendendo-o. Muitas vezes, o cliente não tem nenhuma necessidade de comprar determinado produto, mas compra de forma emocional. Quando o vendedor conduz, de forma agradável e servil o momento da venda, ele entende que está sendo atendido e acaba por comprar, retornar e indicar a empresa, o vendedor e o produto. O cliente fidelizado indica o produto para outras pessoas, volta várias vezes para comprar e coloca as melhores resenhas nos *blogs*, *sites* e redes sociais, vendendo seu produto e sua empresa.

Quais são as melhores estratégias para fidelizar o cliente? Podemos destacar cinco pontos importantes:

- Equipe de vendas motivada e treinada;
- Abordagem para conquistar o cliente de forma emocional;
- Ajuda ao cliente na tomada de decisão;
- Venda dos benefícios do produto ou serviço para o cliente, de forma atraente;
- Criação de canais de relacionamento com o cliente.

O maior ativo das empresas é o cliente. Para que passem a vender o produto, é preciso que o investimento em treinamento e capacitação da equipe de vendas seja a principal estratégia para aumentar os lucros. Imagine o que um cliente infeliz e mal atendido pode fazer com uma empresa ou um produto? A conectividade é o maior algoz de uma empresa que não atende bem o cliente, pois usa as redes sociais para disseminar a informação do mau atendimento e acabar com a imagem da empresa.

Quantas pessoas leem os comentários sobre um produto e são influenciadas? A informação é disseminada como um rastilho de pólvora e a empresa, que é afetada pelo veículo, tem um custo alto para ajustar sua imagem e recuperar os clientes atuais e potenciais. Da mesma forma, o cliente, que é atendido de forma plena e se fideliza ao produto e à empresa, passa a divulgar o excelente atendimento que recebeu de forma espontânea e sistemática, utilizando as redes sociais, *blogs* e amigos.

Por mais que as empresas invistam no desenvolvimento e na qualidade do seu produto, o cliente precisa ter uma experiência diferenciada e que agregue valor, para que realize a compra. Por isso, a relação entre o cliente e o vendedor é fundamental para alavancar as vendas. O entusiasmo do vendedor o influencia para a decisão de compra e fidelização. A disponibilidade da empresa em criar canais que facilitem a interação do cliente ajuda no processo de fidelização e apuração dos desejos dele. A empresa deve manter uma avaliação constante do grau de satisfação do cliente com seus produtos e transformá-la em material para a melhoria de seus produtos e na capacitação dos seus vendedores, que atuarão como consultores do cliente, ajudando na decisão de compra. O cliente que precisa comprar o benefício e o produto sozinho não vende todas as possibilidades de retorno que existem na aquisição.

As empresas de maior sucesso não são aquelas que têm o melhor produto ou serviço, e sim que oferecem o que o cliente deseja. Criar o desejo e realizar a venda é o objetivo de todas as empresas, seja uma que vende tijolos ou de aviação. O poder de decisão do cliente é tão importante que o foco principal de todos os vendedores é demonstrar os benefícios que ele terá ao adquirir determinado produto na sua empresa. Atrair, conquistar e fidelizá-lo é a principal tarefa das empresas nesse mercado globalizado, competitivo e com tantas informações disponíveis.

Inovação para manter o cliente fidelizado

Custa caro manter um cliente fidelizado na empresa e esse valor não é mensurado somente pelos custos relacionados ao *marketing*, ao treinamento da equipe de vendas e ao investimento na qualidade e no preço do produto. Existem custos intangíveis que estão relacionados a questões emocionais ou mesmo ao desejo de experimentar algo novo na concorrência. Por isso, as empresas devem buscar sempre um modelo de inovação e atualização.

O jogo nunca está ganho e o cliente, mesmo fidelizado, precisa sentir que a conquista é contínua e que existem novidades e aperfeiçoamento do produto ou serviço. O cliente pode comprar um terno em determinada loja durante 10 anos e resolver experimentar um novo corte ou tecido e buscar no mercado algo para satisfazer seu desejo. É preciso se reinventar para que ele possa continuar consumindo e divulgando a empresa para o mercado. A inovação é que mantém o cliente fidelizado à empresa.

13

Pessoas querem conhecer pessoas

Relacionamento é a palavra de ordem. Estar nas redes sociais é estar vivo, porém é importante saber entrar, criar sua marca e permanecer positivamente ativo.

"Não sei qual será o seu destino; só sei uma coisa: os únicos felizes de fato serão aqueles que tiverem procurado e descoberto como atender os outros."

Irving Berling

Risolene Coutinho

Risolene Coutinho

Master Coach e Coach ontológico; *Master Practitioner* em Programação Neurolinguística (PNL); Analista DISC®, Access® e SixSeconds®; Pedagoga; escritora; palestrante; empresária. MBA em Gestão de Negócios pela FESPSP. Especialista em Emotologia, Cinesiologia, Metafísica e Eneagrama.

Contatos
www.formacoach-pnl.com.br
risolenecoutinho@gmail.com
contato@formacoach-pnl.com.br
Facebook: formacoach-pnl
Skype: formacoach-pnl
(11) 99991-6174 (vivo|whatsapp)

O comportamento humano muda com o tempo

"Não é a vontade de vencer que importa, isso todo mundo tem.
O que importa é a vontade de se preparar para vencer."
Paul Bryant (Técnico de Futebol Americano)

O tempo muda, e com ele também mudam as pessoas os estilos, os interesses, os gostos, a moda, o governo, a tecnologia, a forma de negociar, o modo de comprar e o de vender. Atualmente os clientes estão mais exigentes, sabem o que querem, como, quando e quanto querem pagar pelo produto ou serviço que buscam, participam ativamente da negociação.

A internet transformou o modo de vender, diminuindo o contato do cliente com o vendedor, ligando-o diretamente ao produto ou serviço desejado e com a forma de pagamento que ele mesmo pode definir. Essa autonomia provocou uma mudança no método de fazer vendas, tornando os profissionais não mais em apenas vendedores, mas em facilitadores ou orientadores de compra de produtos e serviços.

Para que um vendedor tenha sucesso, é necessário que ele desenvolva competências e capacitações que envolvam a criatividade e a flexibilidade. Outra oportunidade de crescer na carreira de vendas é fazer bom uso de uma das práticas mais antigas, usadas pelos maiores vendedores da história humana: construir relacionamentos. Isso mesmo! Um bom vendedor, antes de sê-lo, precisa ser bom relacionador, ou seja, aquele que sabe relacionar coisas e pessoas, com benefícios e vantagens aos relacionados.

De acordo com Og Mandino, há três ingredientes para ter êxito em vendas que são: adquirir conhecimento técnico do produto ou serviço, ter conhecimento das técnicas de vendas e inspiração para agir.

Portanto, para ser bem-sucedido, deve-se empregar os três ingredientes com os seguintes passos:

1. **Estudar e autodesenvolver-se;**
2. **Planejar** – anotar suas ideias e refletir a respeito;
3. **Organizar** – estabelecer prioridades para aumentar sua eficiência e capacidade de economizar tempo, começando do ponto onde está agora.
4. **Controlar** – a si mesmo, seus impulsos emocionais e sua equipe, mantendo padrões éticos elevados, tratando as pessoas como gostaria que o tratassem, sendo exemplo de comportamento ético para outros;
5. **Tomar decisões** – desenvolver o hábito de chegar a decisões lógicas, levando em consideração os dados conhecidos e os ocultos;
6. **Comunicar-se** – a eficácia na venda se dá pela eficiência na comunicação;
7. **Liderar** – estar a serviço do seu negócio e apoiar as pessoas que estão envolvidas nele;
8. **Delegar** – estar disposto a aceitar a escolha do outro, mesmo que não seja o que acredita ser a melhor para o momento, e reconhecer quando a outra pessoa tomar uma decisão melhor do que a sua.

Og Mandino escreveu em meados de 1960, mas seus ensinamentos ainda são atuais e utilizados por grandes organizações. Ele traz, de forma simples, os princípios do relacionamento humano que envolve as virtudes humanas como fé, amor, bons hábitos, ética, verdade, sinceridade, doação e espiritualidade, despertando a essência da venda, cuja finalidade leva o vendedor ao ato de vender, ou seja, aquilo que mobiliza uma pessoa a vender algo a outrem. Essa motivação faz o vendedor concretizar a venda por trazer à tona essa essência, e somente assim, ele realiza seu trabalho de forma eficaz.

Jeffrey K. Liker, em seu *Modelo Toyota*, fala que você deve tentar, dando o melhor de si, pois o desenvolvimento de um talento é um processo infinito, e que o aprendizado e o aperfeiçoamento pessoal não têm limites. Portanto, seus resultados serão ainda melhores se construir e manter o hábito de continuar tentando, expandindo sua capacitação e competência por meio da reflexão e do aprendizado, porque o desenvolvimento de seus recursos se dará com a estratégia de ir além.

Um ponto importante na construção de um relacionamento comercial é incentivar perguntas. Muitas pessoas se sentem intimidadas diante de uma dúvida, muitas não querem dar a impressão de desconhecer ou ser ignorantes quanto a determinado benefício, direito, uso do produto ou serviço apresentado. Neste momento, a melhor maneira de alcançar a empatia e a confiança do cliente é usar frases simples, fazer perguntas que promovam o conhecimento, deixando a outra pessoa à vontade tanto para responder quanto para questionar, despertando o interesse pelo negócio. É nessa hora que o vendedor compreende o momento exato de fechar a venda.

Quando, como, por que e a quem atender?

"Nos negócios desse mundo, os homens não são salvos pela fé, mas pelo desejo dela."
Ben Franklin

O cliente sempre espera por um bom atendimento e ele merece isso. Se você estiver disposto a atender bem, com certeza não terá preocupação com a concorrência. Com este pensamento, reflita por alguns minutos nas perguntas listadas a seguir. Elas ajudarão a fazer uma reflexão a respeito de como está o nível de relacionamento que você estabelece com os seus clientes. Nestes momentos costumam surgir muitas ideias e soluções incríveis para questões do dia a dia, então se desejar, faça as anotações em sua agenda ou bloco de notas, para consultar futuramente.

1. Qual o tipo de relacionamento que você mantém com seu cliente?
2. Mantém algum tipo de contato regular com seu cliente? Qual?
3. Qual o nível de satisfação que seu cliente tem ou teve ao negociar com você ou sua empresa?
4. Qual o grau de satisfação com seu produto ou serviço?
5. Será que, ao precisar novamente de um produto ou serviço, o cliente se lembrou de você? Quais?
6. Quantos dos seus clientes o indicaram novos clientes?
7. Quantos clientes atendeu nos últimos 12 meses?
8. Qual o nível de relacionamento que mantém com eles?
9. Quantos desses clientes voltaram a fazer negócios com você?
10. O que levou seu cliente voltar a procurá-lo?

Estas perguntas trazem respostas que servem como termômetro para avaliação do nível de envolvimento e comprometimento com seu negócio, produto ou serviço oferecido.

É muito importante fazer perguntas, pois abrem a oportunidade para um bom diálogo. Essa prática constrói empatia e relacionamento, permitindo entrar um pouco na história de vida do cliente. Dessa forma é possível saber como é o tipo de atendimento que mais o agrada, e qual a frequência que ele gostaria de receber notícias ou informações do seu produto ou serviço. Pensando nisso, reflita nesta questão: O que você está fazendo que é o seu diferencial?

Para encontrar a resposta, relacione o tipo de atendimento que seu cliente tem preferência, isso facilita a sua agenda e torna eficaz o seu relacionamento com ele. Manter contato pessoal é importante para fechar negócios. Os clientes querem ouvir e ver novidades, por isso, esteja atualizado e ativo em eventos físicos ou virtuais, conte sua história de sucesso e crie vínculos que favoreçam o relacionamento.

A primeira impressão é a que fica

"Uma grande atitude faz muito mais que acender as luzes no nosso mundo; parece que ela magicamente nos conecta a todos os tipos de oportunidades casuais, que estavam, de alguma forma, ausentes antes da mudança."
Earl Nightingale

Se soubesse que a primeira impressão cria a imagem da sua empresa para sempre e que não há segunda chance, o que faria para causar uma boa primeira impressão? Por causa da internet, antes de ser atendido por você ou por alguém da sua empresa, o seu possível cliente já adquiriu informações suficientes a respeito do seu negócio e já formou a primeira impressão da sua empresa.

Cada empresa apresenta, através de sua imagem e experiências, perfil e comportamento próprios. O perfil é reflexo da sua gestão. Se sua empresa é você, pense em como gostaria de ser visto pelo seu cliente. A aparência física é apenas um requisito, a clareza, a postura, o alinhamento e o comportamento são emissores de impressão.

Os primeiros quatro minutos de apresentação são responsáveis pela primeira impressão que você declara ao seu cliente. Excessos ou escassez são extremos que podem prejudicar ou beneficiar sua primeira impressão.

A comunicação não verbal

"A consciência é a voz interior que nos adverte de que alguém pode estar olhando."
H. L. Mencken

A apresentação é uma questão de suma importância para a comunicação entre a sua empresa e o seu cliente. Embora pareça óbvio, há inúmeros exemplos de pessoas e empresas que deixam de dar atenção a esse detalhe. A seguir listamos algumas dicas para que analise o que está sendo feito por você ou sua empresa.

- **Clareza e limpeza** – demonstram transparência e a sensação de confiança. Pode ser considerado um diamante nos relacionamentos;
- **Boa apresentação pessoal** – o cuidado com a aparência parece básico, óbvio, mas deve ser levado a sério, um bom corte de cabelo, o penteado, a barba e o bigode bem aparados e limpos, o uso de roupas adequadas à ocasião, ao clima, ao ambiente e que estejam de acordo com seu negócio ou o negócio que representa, para sentir-se bem consigo mesmo, fazendo parte do meio social em que atua. Essa é uma das comunicações eficazes que devem ser respeitadas.
- **Cuide da apresentação da sua empresa** – a sala de atendimento ou recepção reflete uma comunicação não verbal de grande importância. Limpeza, claridade ou iluminação adequada demonstram simplicidade, clareza, transparência e confiança.
- **O corpo fala** – esteja atendo a sua postura, tom de voz, gestos e aproveite para usar gentileza e fisionomia alegre, porém seja congruente com a situação do momento, sem excessos, com naturalidade.

Lembre-se de que a satisfação interior de quem está atendendo é percebida e sentida pelo cliente, que corresponderá à satisfação por empatia espacial. Demonstrar interesse pelo cliente, com simpatia e acolhimento, abre oportunidade para o sentimento de confiança, que reforça e contribui para a imagem positiva do seu negócio.

Pessoas querem conhecer pessoas

"A mente é um iceberg – flutua com um sétimo de sua massa acima da água."
Sigmund Freud

Vendemos algo a alguém porque queremos criar relacionamentos com pessoas. Pessoas compram porque querem falar para outras pessoas o que compraram. No final, pessoas querem conhecer pessoas para ampliar seus relacionamentos, independentemente da intenção. Prova disso é a quantidade de pessoas que fazem amizades com desconhecidos pelo mundo inteiro nas redes sociais.

Quem não fica feliz por ter mais de 300 amigos no Facebook? O quê, só 300? Isso é pouco! É verdade, ser popular nas redes sociais é uma questão de ordem no momento.

Ter um site é uma necessidade hoje, porém as pessoas querem saber quem são aquelas que estão por trás da tela. Querem ver, ouvir, saber o que gostam e lugares que frequentam, pois ser apenas virtual não tem graça. A comunicação pode ser virtual, mas todos querem saber quem são as pessoas que estão fazendo parte da sua realidade virtual.

Segundo a teoria das necessidades humanas de Abraham Maslow, a autoaceitação, identidade e autoestima, são as mais consideradas para criar bons relacionamentos, pois muitas pessoas antes de se sentirem bem consigo mesmas, querem que os outros se sintam bem com elas e que as aceitem. Isso indica que o medo da rejeição assombra o inconsciente humano.

A mente inconsciente não difere o real do imaginário, apenas a mente consciente pode fazer isso. Portanto, esteja consciente de suas emoções, pensamentos e intenções. Platão disse "Domine seus pensamentos e você pode fazer o que quiser com eles".

O ser humano está em constante movimento, em busca de crescimento e alcance de metas. Se não crescemos, morremos, e nesse crescimento buscamos alcançar o sucesso.

Dizem que sucesso é uma viagem e não um destino, por isso convido o leitor a refletir: se o sucesso é uma viagem, você sabe pra onde está indo?

Se para alcançar o sucesso é necessário ter um destino, uma meta, um objetivo, uma finalidade, então ele pode ser definido pela forma como foi ou não alcançado esse destino. Será que as pessoas que estão correndo como loucas, rodando como se estivesse em um carrossel, sem sair do lugar, buscam o sucesso? O sucesso poderia ser definido como um *feedback*?

Ter a liberdade de mudar a meta, a rota da viagem, deve ser algo a se pensar. Por isso, faça do sucesso algo pessoal, flexível e adaptável. Torne-o uma realização progressiva de uma meta pessoal, que tenha significado e seja predeterminado, para que o sinta a partir do momento em que decidiu algo e se colocou a caminho de conquistar ou realizar.

Tudo o que é rígido quebra e tudo o que quebra frustra e traz sofrimento. Usar a mente a seu favor é uma forma de trazer à consciência sua força, sua saúde. A mente atende aquilo que considera importante, e quando acredita, realiza. Cuide de sua mente!

Finalizo com uma adaptação da frase que li no livro de Og Mandino: – O sucesso me surpreenderá se minha decisão de vencer for suficientemente forte.

14

Omotenashi
A arte de encantar e surpreender o cliente

Durante mais de duas décadas vividas no Japão, um país que respeita a hora do relógio, pude observar o quanto os japoneses zelam pela pontualidade e que a excelência só é conquistada quando se pratica o *omotenashi*. *Omotenashi* está conectado com a cultura das pessoas, surge do coração, significa acolher, tratar e cuidar da melhor forma possível do relacionamento humano, sem esperar nada em troca

Roberto Tuji

Roberto Tuji

Master Coach pela Graduate School of Master Coaches (EUA/UK/Austrália) ICI – International Association of Coaching-Institute (EUA), ECA – European Coaching Association (Alemanha/ Suíça), GCC – Global Coaching Community (Alemanha) e Metaforum International. Analista Comportamental e Formacão em Hipnose Ericksoniana pelo IBC/ GCC/ECA/METAFORUM. Graduado em Engenharia Mecânica pela Universidade Federal do Pará. University Franchising pelo Grupo Cherto – SP. Pós-Graduado em Gestão de Pessoas, pelo Instituto Brasileiro de Coaching. Empresário franqueador há mais de 13 anos no Japão e no Brasil, com experiência em Liderança, Gestão de Pessoas, *Marketing* e Vendas. Desenvolveu a metodologia Coaching Transcultural Brasil-Japão, onde residiu mais de 20 anos. Coautor do livro "O Poder do Coaching – Ferramentas, Foco e Resultados" em 2013 pela editora IBC, com o artigo "Coaching Transcultural Brasil-Japão – A Influência da Cultura Japonesa na Vida dos Estrangeiros no Japão".

Contatos
robertotuji@gmail.com
https://www.facebook.com/robertotuji

"Concentre suas energias. Estar em toda parte é não estar em parte alguma. Seja zeloso do seu tempo, já que é seu maior tesouro."

Og Mandino

Introdução

Este artigo apresenta como diferencial técnicas e ferramentas fundamentadas na cultura japonesa, que irão surpreendê-lo e fazê-lo refletir sobre atitudes raramente vistas no ocidente. Durante mais de duas décadas vividas no Japão, um país que respeita a hora do relógio, pude observar o quanto os japoneses zelam pela pontualidade e que a excelência só é conquistada quando se pratica o *omotenashi*.

Omotenashi
A arte de encantar e surpreender o cliente

A palavra *omotenashi* é originária do Japão, surgiu durante os séculos XVII e XVIII, na Era Heian. Naquela época, era muito utilizada nas hospedarias, sendo adotada no decorrer do tempo por indústrias e comércios. *Omotenashi* significa acolher, tratar e cuidar da melhor forma possível do relacionamento humano, sem esperar nada em troca. Neste contexto, ter e manter o foco no cliente é o que fará a diferença.

No ano de 1990, fui para o Japão, país em que vivi por mais de duas décadas. Foi lá que aprendi como é que deve ser tratado um cliente. Tenho observado que no Brasil são poucas as empresas que prestam um atendimento de alto nível e, quando prestam, os custos se tornam elevados, restringindo-se apenas à classe A.

A prática da arte em atender bem é totalmente natural entre os japoneses, no Japão, desde as grandes empresas até as lojas de conveniência, o que, aos olhos do estrangeiro, parece um verdadeiro encanto. O relacionamento com o cliente varia de acordo com a cultura local e seus valores centrais. O fator determinante nesse contexto é o tempo, que, de acordo com Livermore (2008), os países que utilizam a hora do relógio, como o Japão por exemplo, o respeito, excelência e a consciência em relação aos outros são comunicados através da pontualidade, que é considerada um dos pilares do *omotenashi*.

1 – As quatro paredes do relacionamento

Para que um relacionamento com um cliente seja duradouro, é necessário ultrapassar as quatro paredes iniciais que impedem a prática do *omotenashi*. Essas paredes foram criadas pelo psicólogo americano Albert Mehrabian, nas quais ele explica que os gestos e expressões faciais falam muito mais do que palavras. Observe na Figura 1 que apenas 7% da comunicação eficaz são palavras, mas para chegar até elas é necessário ultrapassar as três primeiras paredes.

Saudar o cliente com um "Bom dia!" ou "Seja bem-vindo!" não é o suficiente, atualmente, para que esses tenham uma boa percepção ao entrar em uma loja. No exato momento em que o cliente enxerga você, estabelece-se a primeira impressão ou impacto, pois sua aparência, postura e modo de falar correspondem a 93% da comunicação humana face a face. Sendo assim, não importa o quanto seu produto ou serviço seja bom, a primeira impressão é a que fica.

Figura 1 – As quatro paredes do relacionamento

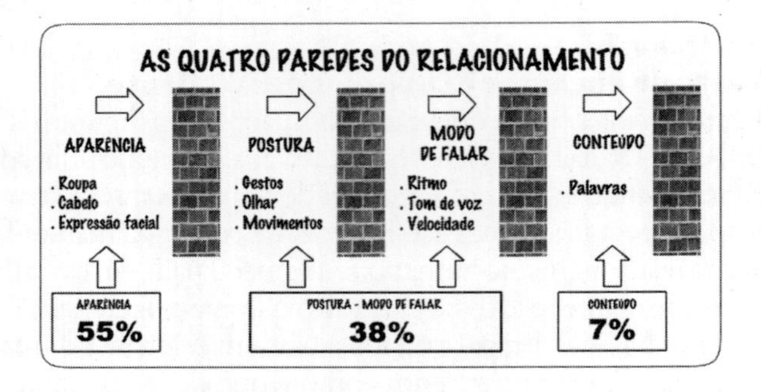

2 – O retorno dos clientes

O sucesso de vendas pode ser medido pelo retorno do cliente. Na Figura 2, é possível analisar as vendas de um determinado comércio. Verifica-se que elas estão estagnadas, o percentual de novos clientes e de outros que estão repetindo a compra é de 50% cada, ou melhor, não existe retenção de clientes, portanto, não há aumento nas vendas.

Para que haja avanço nas vendas, é imprescindível um trabalho de fidelização dos clientes, a fim de que as compras sejam feitas com mais frequência. Não basta ter produtos de qualidade e preços baixos, o que irá diferir é ter um excelente atendimento, pois só assim teremos clientes fiéis. Lembre-se de que a fidelização e o retorno dos clientes é consequência de um excelente atendimento.

Figura 2 – Gráfico de fidelização de clientes

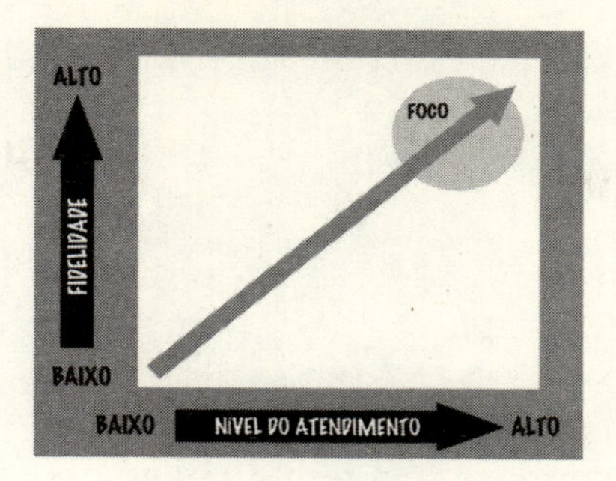

3 – Os três "S" do atendimento

A Figura 3 exibe os três elementos essenciais para a excelência no atendimento: *smile* (sorriso), *sincerity* (sinceridade) e *speed* (rapidez). O primeiro e mais importante elemento desse mix é o sorriso. Quando dado com sinceridade, transmite uma sensação de bem-estar e felicidade à pessoa que o recebe, além de ser também contagiante. Você já experimentou sorrir para uma pessoa e observar o resultado? Prove! É surpreendente! As estatísticas apontam que 97% das pessoas que são recebidas com um sorriso respondem também com um sorriso, o que proporciona uma sensação de bem-estar. Mas lembre-se sempre: você, como um profissional de atendimento, deve estar sempre com um sorriso espontâneo para recepcionar o seu cliente. Quando ele percebe esse carinho e acolhimento, a resposta com outro sorriso acontece naturalmente. Observe os benefícios de um sorriso: a) aumento das vendas; b) redução de estresse, consequentemente melhoria da saúde; e c) ajuda a ultrapassar a primeira parede do relacionamento.

O segundo "S" é o da sinceridade. Ser honesto e transparente consigo mesmo e com o próximo, mostrar a verdade e sua opinião, sem críticas, são características da sinceridade. Este item, quando combinado com o sorriso, forma uma dupla poderosa. A sinceridade sem sorriso não gera receptividade na comunicação e um sorriso sem sinceridade é igual a uma forma vazia.

Por fim, o terceiro "S" é o *speed*, traduz-se em rapidez. O tempo em que o seu cliente fica esperando é um custo muito elevado para ele. Portanto, agilize o atendimento, busque melhoria contínua nos seus processos, visando sempre a redução do tempo. Quando o cliente observa a agilidade no atendente, ele compreenderá, caso haja demora. Ao contrário, ele ficará muito aborrecido.

Figura 3 – Os 3 "S" do atendimento

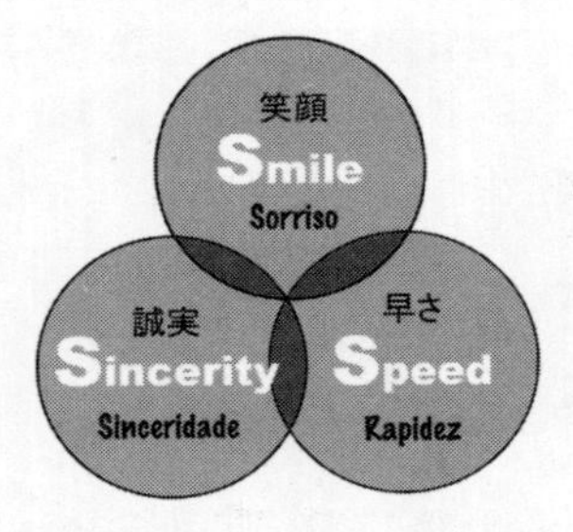

4 – O conceito e a imagem do negócio

Ajustar o atendimento ao cliente com a imagem e o conceito do negócio, conforme explica a Figura 4, é fundamental para a satisfação dos clientes. De nada adianta ter um atendimento excelente se não está compatível com o nicho escolhido. Por exemplo, se o conceito de uma loja for definido como classe A, seu atendimento deve ser semelhante ao de um hotel 5 estrelas, se for de uma loja especializada para produtos de emagrecimento, o atendimento deve ser mais descontraído e amigável.

Quando se define o nicho, temos condições de oferecer um atendimento personalizado aos clientes, conhecer melhor suas necessidades, suas expectativas e desejos. É importante selecionar colaboradores que tenham afinidade com o conceito e a imagem do negócio, pois o atendente terá participação ativa no processo de fidelização dos clientes.

Figura 4 – Ajustes entre o atendimento e o conceito do negócio

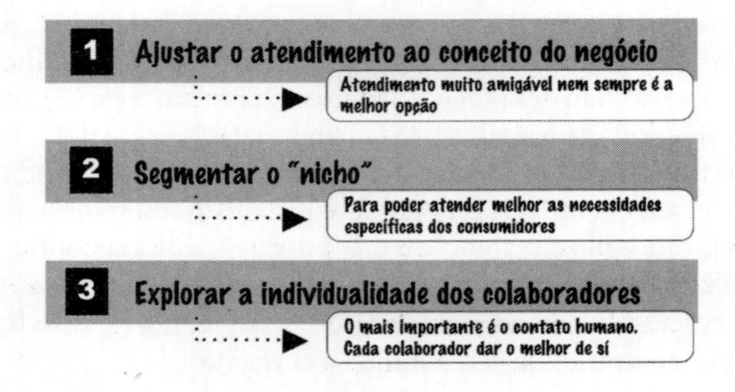

5 – Surpreender a expectativa do cliente

Os clientes decidem um atendimento utilizando os parâmetros "nível alto" ou "nível baixo" e não se é bom ou se é ruim. Suas experiências anteriores em atendimento e as comparações com empresas semelhantes são levadas em consideração na avaliação final, conforme ilustra a Figura 5. A psicologia da diferença entra em ação no momento em que o cliente avalia onde irá comprar, sempre tomando por base o parâmetro da hospitalidade.

Fundamentos da avaliação do atendimento a clientes:

a) Exigem um nível de atendimento, podendo ser alto ou baixo.
b) Têm referências adquiridas de experiências anteriores.
c) Comparam o seu atendimento com o de outras empresas.
d) Usam a psicologia da diferença, podendo ser positiva ou negativa.

Os dois fatores diferenciadores que superam as expectativas dos clientes são:

a) Quando o cliente acha que um problema não tem solução e você resolve.
b) Quando o cliente nem imagina que você pode fazer algo por ele.

Figura 5 – Níveis de satisfação do cliente

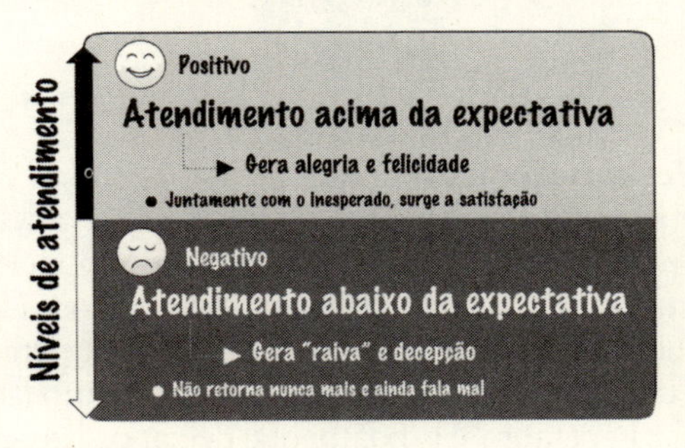

6 – O ciclo da satisfação

O ciclo da satisfação do cliente é composto por três estágios: 1) o antes; 2) o durante; e 3) o depois.

O primeiro estágio acontece antes mesmo de o cliente entrar em uma loja, ele tem a expectativa de como será atendido e se os seus problemas serão resolvidos. Alguns questionamentos internos o dominam naquele determinado momento, por exemplo: será que essas pessoas são gentis e educadas, estão preparadas para responder às minhas perguntas, o produto vale a pena ou tem qualidade? Estas indagações são comuns a quase todos os clientes. Tudo isso faz parte do primeiro estágio, o "antes".

O segundo estágio, o "durante", é exatamente quando o atendente entra em contato com o cliente, é nesse momento que os 3 S do atendimento entram em ação. Por último, vem o "após", é quando o cliente tem a sensação de que fez um bom negócio naquele estabelecimento.

A Figura 6 é utilizada para explicar como funciona o ciclo de satisfação do cliente. Os estágios "antes" e "durante" podem ser utilizados como parâmetros para saber se o cliente retornará ou não para fazer suas compras. Se as expectativas foram superadas, provavelmente o cliente voltará, caso contrário deixará de comprar. Afinal, satisfação gera satisfação!

Figura 6 – Ciclo da satisfação do cliente

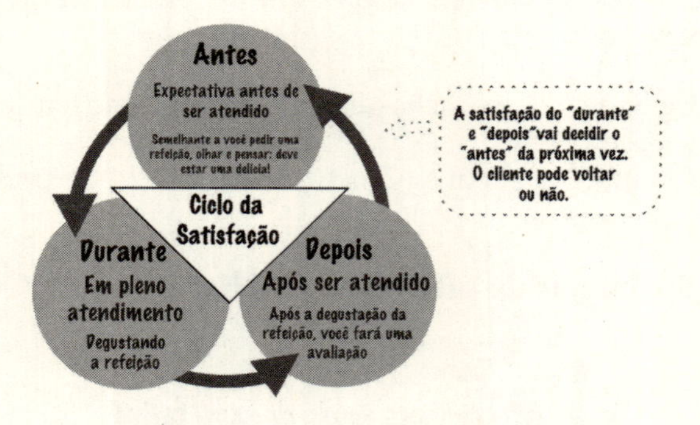

7 – A Personalização

Atender às vontades dos clientes parece ser coisa do outro mundo, mas é um dos maiores diferenciais percebidos por eles. Na figura 7, fica evidente que, para conquistar um cliente e torná-lo fã, o atendente tem que ter como pré-requisito o seu poder de percepção e persuasão bem desenvolvido, sendo a personalização um fator de extrema relevância. Para tanto, é fundamental deixar o cliente à vontade e só opinar quando houver necessidade, o que faz parte desse processo, aparentemente complexo. Fica claro que deve existir um limite para isso, mas o importante é refletir e definir o que você pode fazer para gerar valor e que este valor seja percebido pelo cliente.

Com a enorme oferta de produtos e serviços oferecidos pelo mercado, muitos clientes os veem como simples *commodities*. O mercado de hoje está repleto de clientes exigentes e de concorrentes que querem tudo de graça e para ontem. Os consumidores de hoje estão mais bem informados do que no passado, por isso perdoam menos, são menos tolerantes, menos leais e sabem que agora o poder econômico está em suas mãos.

Apesar de o cliente ter direito a um atendimento atencioso, educado e sincero, poucos profissionais o fazem com maestria. Pequenas atitudes podem gerar alto nível de satisfação aos clientes, tornando-os amigos e fãs da empresa. Lembre-se de que cada cliente é único.

Figura 7– Transformando um cliente em fã

8 – Desenvolver e capacitar os colaboradores

Recrutar profissionais de atendimento com o DNA da hospitalidade é o grande desafio para as empresas que buscam ser a número 1. Para desenvolver e capacitar profissionais com o DNA da hospitalidade a um nível elevado, deve-se seguir três passos:

1) O profissional deve ter orgulho do que faz, saber o que faz e por que faz. Conhecer e compreender a missão, visão e valores da empresa a fim de que possa alinhá-los com os seus propósitos (missão, visão e valores).
2) Ser autoconfiante em seus argumentos, conhecedor profundo dos produtos que vende e do seu trabalho como profissional de atendimento.
3) Ter discernimento e autonomia para agir corretamente, buscando sempre o equilíbrio entre a satisfação pessoal, a satisfação dos clientes e a lucratividade da empresa.

Quando a necessidade de um cliente é atendida, ou melhor, superada, a disseminação acontece instantaneamente. Daí, surgem novos clientes que trarão uma "gama" de mais novos clientes. Lembre-se de que para atingir o ápice empresarial é preciso desenvolver o que vem antes de tudo isso, o autoconceito e o conhecimento do setor que irá atuar, conforme ilustra a Figura 8. A gestão do respeito, da hospitalidade e da transparência são frações, que, de forma integrada, constituirão em um todo gerador de um relacionamento ganha-ganha para todas as partes (clientes, funcionários e empresa).

Figura 8 – Autoconceito e conhecimento do setor

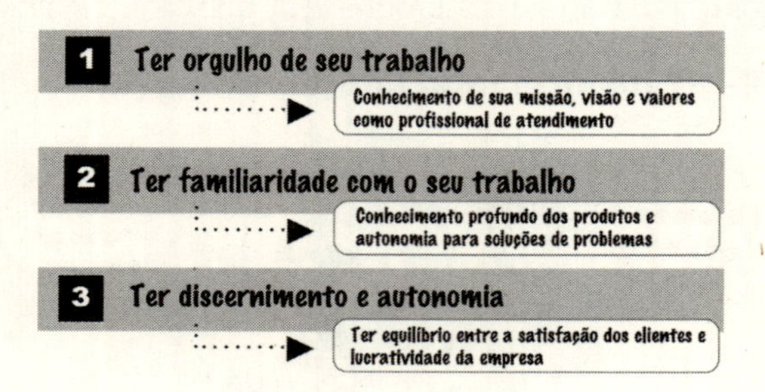

Conclusão

Omotenashi, conforme discutido ao longo desse artigo, é algo interno, vem do coração. Portanto, está intimamente conectado à cultura, às crenças e aos valores das pessoas.

O grande diferencial competitivo das empresas japonesas até os dias de hoje são resultados da prática do desenvolvimento humano, que tem como cerne o autoconhecimento. Quando o indivíduo navega dentro de si e explora o seu melhor, fica fácil compreender o próximo, mas para que isso aconteça é preciso ter foco. A busca do equilíbrio entre motivação da empresa e motivação dos funcionários é o que leva ao encontro harmonioso da missão, visão, valores e propósitos de vida das duas partes. O cliente é a mola propulsora que impulsionará a empresa para o sucesso e o mais relevante, deixar um legado.

Referências

BROOKS, I. *Ganhando Mais*. Paraná: Fundamento, 2003.

FUKUHARA, Y. *Sekkyaku Sabisu no Kihon Kotsu*. Tokyo: Gakken Paburishingu, 2010.

KOUNO, H. *Sekkyaku Sabisu*. Tokyo: Baru Shuppan, 2007.

LANZER, F. *Cruzando Fronteiras sem ser atropelado*. São Paulo: Évora, 2014.

LIVERMORE, D. *Inteligência Cultural*. Rio de Janeiro: Best Seller Ltda, 2009.

MINARI, N. *Sekkyaku Sabisu Kihon Tekisuto*. Tokyo: Manegment Center of Eficiency Japan, 2004.

MORISHITA H. *O kyaku samawo Fan ni saseru Sekkyakuwo Masuta suru*. Tokyo: Editora Socym, 2005.

SATO, R. *Sekkyaku Sabisu no Kihonga Omoshiroihodo Minitsuku Hon*. Tokyo: Chukei Shuppan, 2006.

15

Relacionamento com o cliente interno

A maioria dos gestores concentra seu foco de atenção no relacionamento com o cliente externo, desenvolvendo ações de *marketing*, campanhas pós-venda, fidelização e canais de comunicação, mas negligencia o relacionamento com o cliente interno, seus colaboradores. O resultado disso são estratégias bem elaboradas, mas mal desenvolvidas. Quem deve encantar, precisa primeiro ser encantado!

Rúbia Campos

Rúbia Campos

Administradora, pós-graduada em gestão escolar, *Coach*, pela Cia. Brasileira de Coaching e World Coach Association. Analista comportamental Coachecom. Consultora Empresarial e de *Franchising*, qualificada pela Associação Brasileira de Franchising, Palestrante de temas das áreas da Gestão estratégica para resultados, Gestão de pessoas, *Marketing* e Relacionamento, Gestão escolar, *Coaching* e Qualidade para o desenvolvimento. Presidente do Conselho da Mulher Empresária, da Associação Empresarial de Ananindeua, PA, biênio 2013-2014. Diretora e Consultora do DNA Franchising e Diretora Pedagógica e Recursos Humanos do DNA Centro de Educação Profissional - Unidade Ananindeua - PA.

Contatos

www.cursosdna.com.br

rubiacampos@cursosdna.com.br

(91) 3273-1082

(91) 99967-0150

Manter um bom relacionamento com o cliente interno, o colaborador, é tão importante quanto cuidar do relacionamento com o cliente externo. Qualquer ação estratégica da empresa, por mais bem planejada e direcionada, será bem-sucedida se a força motriz da organização (equipe de trabalho) alcançar o seu melhor desempenho.

As estratégias para criar e/ou manter um bom relacionamento com esses clientes não são tão diferentes das aplicadas aos clientes externos.

Passo 1. Conhecer o cliente interno

Uma das mais básicas e importantes tarefas do gestor é conhecer o público-alvo. Sem identificar quem é o cliente, quais seus hábitos e costumes, do que gosta e não gosta, suas necessidades e desejos, não é possível atrair a sua atenção, envolvê-lo e conquistá-lo. Com o cliente interno, acontece da mesma forma.

Existem algumas premissas que podem ser consideradas no exercício do conhecimento e compreensão desse cliente:

1. **O colaborador é uma pessoa**
   Segundo Abraham Maslow (1943), o ser humano possui necessidades múltiplas, que vão desde simples e fundamentais (*lower-orderneeds*), relacionadas à fisiologia e segurança, às complexas (*higher-orderneeds*). Somente após satisfazer as necessidades básicas, o indivíduo deslocará energia para a satisfação das mais complexas: sociais, como participar de grupos informais, ser aceito e estar associado a outras pessoas e associadas ao ego, como autoestima, status e reconhecimento social.

2. As pessoas alcançam o melhor desempenho profissional quando:

- Acreditam e compram a ideia do negócio;
- Sentem-se preparadas para o desafio de representar a empresa e transmitir os valores e conceitos agregados ao produto ou serviço;
- Conhecem, com clareza, os objetivos empresariais;
- Sentem-se envolvidas no alcance de objetivos;
- Sentem-se motivadas a comemorar cada conquista;
- Sentem-se prestigiadas ao participar com opiniões e sugestões;
- Sentem-se queridas na equipe;
- Sentem-se respeitadas em suas diferenças;
- Sentem-se valorizadas ao perceber que, independentemente do cargo, sua função na empresa faz toda diferença;
- Sentem-se reconhecidas, ao usufruir dos resultados alcançados;
- Sentem-se recompensadas, ao receber remuneração condizente ao seu desempenho;
- Sentem-se seguras, quando a organização oferece benefícios que, muitas vezes, onerariam demasiadamente seu orçamento;
- Sentem-se felizes e satisfeitas em fazer o que fazem.

A maioria das empresas conhece do colaborador apenas o que dizem as fichas cadastrais e livros de registro de empregado. As relações gestor-colaborador se tornam mecânicas e estritamente profissionais. No entanto, as mesmas empresas se empenham e até pagam por pesquisas para saber o máximo possível sobre o cliente externo.

Será que não seria igualmente importante investir, ao menos tempo, em saber quem é a pessoa que contratamos para "vestir a camisa" da empresa, defendê-la, incorporar seus valores e contribuir para seu crescimento?

O DNA Centro de Educação Profissional, de Ananindeua, Pará, pode compartilhar algumas experiências na busca pelo conhecimento do cliente interno:

Experiência 1. Quem é você?

A maneira mais simples e eficiente de conhecer mais sobre o seu colaborador é PERGUNTANDO. Para isso, o DNA criou um formulário com o tema: Quem é você? Os colaboradores foram questionados sobre seus hábitos quando não estão na empresa, relacionamentos familiares e convívio social, crenças e valores, qualidade e infraestrutura de habitação e bem-estar, distribuição do orçamento familiar, condições de saúde e segurança, necessidades e desejos, além de fazê-los pensar em seus sonhos e metas pessoais. Quando utilizadas com sabedoria, as informações permitem que a empresa conquiste excelentes resultados nas ações em gestão de pessoas e promova uma interação mais eficaz com o colaborador.

Experiência 2. Perfil comportamental e pesquisas de forças pessoais, positividade, bem-estar e linguagem de valorização

Para isso, o DNA investiu na solução empresarial da Coachecom (www.coachecom.com.br). Este *software* oferece ferramentas fáceis de serem aplicadas, como Perfil comportamental, que utiliza a teoria D.I.S.C. (*Dominance*-dominância, *Influence*-influência, *Steadiness*-estabilidade e *Conscientious*-consciência), transformada em uma ferramenta de pesquisa comportamental denominada *Assessment*, um questionário de múltipla escolha projetado para identificar os traços característicos do comportamento de um indivíduo e conhecer melhor sua personalidade. Os demais questionários foram Forças Pessoais, uma autoavaliação das suas principais forças e virtudes; Índice de positividade e bem-estar, que demonstra quão satisfeito consigo mesmo e autoconfiante está o colaborador; Linguagem de Valorização, que evidencia como cada um gosta de ser tratado, que linguagens no ambiente de trabalho e nos relacionamentos pessoais são mais valorizadas (toque físico, tempo de qualidade, palavras de afirmação, atos de serviço ou presentes). Após participarem dessas pesquisas, os colaboradores declararam que se sentiram muito bem, que a experiência do autoconhecimento foi fantástica e que ficaram impressionados e satisfeitos com os resultados. De posse dos resultados, a empresa programou uma devolutiva individual a cada colaborador por um profissional em *coaching*, que aplicou "*feedback* positivo", destacando pontos positivos e os estimulando a identificar e desenvolver as características que podem ser melhoradas.

Experiência 3. Sessão de coaching, utilizando o instrumento Roda da Vida

A Roda da Vida é um instrumento do *coaching* que faz a pessoa analisar diversos aspectos, tais como família, saúde, carreira, desenvolvimento pessoal, relacionamento, espiritualidade, recursos financeiros, vida social, equilíbrio emocional, realização e propósito, refletindo seu nível de satisfação em relação a cada área. A sessão de *coaching* foi individual, em *Setting* de atendimento criado especialmente para este fim, em ambiente externo à empresa. Essa experiência oportunizou uma "viagem ao interior de cada um", possibilitando visualizar que, alguns aspectos, apesar de valorizados e considerados importantes a eles, não estavam sendo priorizados, diminuindo sua percepção de satisfação e felicidade. Como diretriz do *coaching*, cada um determinou para si uma tarefa que o permitisse alavancar aquela área da vida que, de alguma forma, influenciasse positivamente em todas as outras.

Essas ações não apenas subsidiaram um levantamento riquíssimo de informações sobre as pessoas que fazem o DNA Centro de Educação Profissional, mas oportunizaram melhoria consistente nos relacionamentos cliente interno e empresa, agregando confiança e valorização, visto que se sentiram prestigiados pela preocupação da organização em conhecê-los melhor e ainda contribuir para seu desenvolvimento pessoal e profissional.

Passo 2. Criar benefícios verdadeiramente importantes para quem os recebe

Os dicionários apresentam a seguinte definição de benefícios: "1. Ato ou efeito de fazer o bem, de prestar um serviço a outrem; auxílio, favor. 2. Graça, privilégio ou provento concedidos a alguém; proveito, vantagem, direito".

O plano de benefícios de muitas empresas oferece pacotes prontos aos colaboradores, geralmente baseados nas próprias percepções sobre o que é melhor para eles.

Para gerar um relacionamento de qualidade com o cliente interno, no entanto, é importante utilizar tudo o que a empresa sabe sobre ele, por meio das pesquisas, e oferecer benefícios relevantes sobre sua percepção.

Um plano inteligente pode contemplar **benefícios coletivos**, que auxiliam a satisfação das necessidades básicas de todos, como saúde e alimentação, e **benefícios especiais individuais**, que contemple o sentido de "fazer o bem", acessando a área mais nobre de cada pessoa: o coração.

Ex.: Se um colaborador demonstrou frustração ou tristeza provocada pela saudade de alguém importante que há anos não vê, a empresa, em sigilo, pode promover o reencontro.

Se for inviável, financeiramente, à empresa conceder benefícios especiais aos colaboradores, pode programar fazê-lo aos poucos. Uma característica do ser humano é regozijar-se com a felicidade do outro e, as emoções provocadas em um, beneficiarão, de maneira geral, a todos.

Os benefícios que promovem **emoção** alcançam resultados mais duradouros e conquistam um nível fantástico de relacionamento.

Passo 3. Colaboração

Fabrício Bernardes (PME Exame, Maio/15, Ed. 85, pp. 18 e 19) destaca a estratégica habilidade de empreendedores que têm o cliente ao seu dispor, contribuindo ativamente com a empresa: "ao encarar a interação com os clientes como fonte de inspiração – mesmo que, às vezes, seja preciso ouvir críticas -, encontram maneiras de melhorar processos, testar ideias e criar novos produtos e serviços".

Essa interação pode ser através de pesquisas de satisfação, de opinião sobre determinado produto, serviço ou sugestão de ideias ou ações.

Ainda segundo Fabrício, "a maneira como esses empreendedores interagem com seus consumidores vai ao encontro do que fazem as empresas mais bem-avaliadas em matéria de relacionamento com o cliente no Brasil".

Será que também podemos aplicar esta prática aos clientes internos?

Se a empresa pedir opinião aos clientes externos e ignorar a opinião de clientes internos, terá uma visão míope da realidade. Os colaboradores conhecem os processos e são capazes de descrever cada "gargalo" e sugerir melhorias e inovações. Bem dirigidos, podem se tornar grandes "consultores" e parceiros da empresa.

O melhor é que a empresa não precisa ser grande para desenvolver essas práticas. Independentemente do porte ou número de colaboradores, as pesquisas de opinião/satisfação/sugestão podem ser aplicadas.

Dicas importantes:

- O colaborador deve se sentir à vontade para se identificar ou não nas pesquisas;
- Sempre dê *feedback* sobre como a empresa tratará sua opinião;
- Sempre que possível, premie as melhores ideias.

Passo 4. Integração

Pessoas integradas se comunicam e se relacionam melhor, respeitam diferenças, limites e estabelecem um clima organizacional harmônico e positivo.

1. **Integração com novos membros**
   A empresa deve possuir um Programa de Integração de novos colaboradores, proporcionando um momento especial de relacionamento, criando o ambiente necessário para que o mesmo conheça os valores organizacionais, base estratégica (missão e visão), objetivos empresariais, código de ética, normas e rotinas de operações, plano de cargos e salários, requisitos de segurança no trabalho, relações interpessoais, gestão de pessoas, *marketing*, recursos materiais, dentre outros.
   Quanto mais claras e compreendidas as informações, menores serão os problemas e as dificuldades de adaptação desse novo membro da equipe.
2. **Integração com clientes internos**
   Com a mesma criatividade e dedicação com que a empresa realiza momentos de integração com seu cliente externo, deve fazê-lo aos clientes internos. Uma dica é criar um calendário de integração, inserindo reuniões periódicas, cafés da manhã, almoços coletivos, dias de lazer, campeonatos, eventos de confraternização etc.
   A vantagem de investir nesse relacionamento é que o colaborador se sente cada vez mais à vontade e tem a empresa como sua casa e os colegas de trabalho como sua família. Assim, uns cuidam dos outros, aprendem a conviver e respeitar as diferenças, valorizar as qualidades e ativar o sentimento de confiança, felicidade e prazer em trabalhar na organização.

Passo 5. Fidelização

Grandes empresas criam uma Cultura Organizacional de relacionamento, baseada na confiança, respeito e valorização, que geram a fidelização do cliente interno.

Fidelizar, neste caso, é fazer com que o colaborador não deseje trabalhar em outra empresa, ainda que os salários sejam mais atrativos; que considere, como valor importante, a relação de confiança, segurança e bem-estar conquistados; e que confie em seu crescimento profissional dentro da "sua" empresa.

Para alcançar a fidelização do cliente interno, a empresa deve investir em estratégias como as mencionadas acima, além de planejar um ambiente de trabalho agradável, manter programas de treinamentos para que o colaborador se sinta desafiado a aprender continuamente e crescer profissionalmente, acompanhar e avaliar seu desempenho, permitindo o aperfeiçoamento, estabelecer metas e envolvê-lo na conquista e, principalmente, comemorar junto cada vitória alcançada.

Um relacionamento promissor com o cliente interno elevará a organização a um nível excepcional de apresentação ao mercado onde quem vende o produto ou presta o serviço confia, verdadeiramente, nele. O consumidor reconhece, na motivação dos colaboradores, o valor da marca; e os concorrentes, para superá-la, precisarão apresentar não apenas preço, mas todo o valor agregado de uma equipe unida e preparada.

Referências

MOTTA, Fernando C. Prestes; VASCONCELOS, Isabela F. Gouveia. *Teoria Geral da Administração.* 3. ed. São Paulo: Cengage Learning, 2008.

BERNARDES, Fabrício. *O cliente a seu dispor.* PME Exame, São Paulo: Abril, Ano 9, nº. 85, p. 18-19, maio. 2015.

16

Conquistar e manter clientes

Com produtos parecidos, ou seja, qualidade semelhante e preços equivalentes, as empresas passaram a encarar a conquista e a fidelização de clientes como um desafio crucial. O principal fator para que a empresa seja vitoriosa nesse desafio é a excelência no atendimento. Para isso, é preciso contar com uma equipe unida e comprometida com o objetivo. Colaboradores que, além de "vestir a camisa", valorizem e internalizem em seu coração a visão, a missão e os valores da empresa

Salomão Ribeiro

Salomão Ribeiro

Personal & Professional Coaching. Formado em Administração. Especialista em gestão de pessoas e práticas gerenciais. Fundador e proprietário do ISR (Instituto Salomão Ribeiro), empresa de consultoria, treinamentos, *marketing* e eventos. Palestrante nas áreas de *Marketing*, Vendas, Liderança, Excelência no Atendimento, Motivação e Empreendedorismo. Atua na região Oeste do Pará, onde foi eleito, em 2009, o melhor palestrante motivacional, com o Prêmio *Top Qualidade*. Em 2014, recebeu o Prêmio *Destaque do Ano*, da Câmara de Dirigentes Lojistas (CDL) e o Troféu Imprensa – Prêmio Empreendedor Revelação – da Associação dos Profissionais de Imprensa (API).

Contatos
www.salomaoribeiro.com
institutosalomaoribeiro@hotmail.com

É o bom atendimento ao público que faz toda a diferença para conquistar e fidelizar o cliente. Com esse foco, cada vez mais, as empresas vêm investindo em capacitação adequada para seus colaboradores. O mau atendimento, por outro lado, pode até manchar a reputação da empresa perante seus clientes atuais e futuros, levando os negócios por água abaixo.

Por que uma empresa perde clientes? Uma pesquisa realizada pela *US News and World Report* revelou que, ao contrário do que muitos pensam, o valor do produto ou serviço é menos levado em conta (apenas 9%) do que a qualidade desse produto (14%) e esta, por sua vez, bem menos que a qualidade do atendimento (68%). Isso mesmo: sete a cada dez clientes deixam de dar lucro a uma marca ou serviço porque ficaram insatisfeitos com a atitude do pessoal, com a qualidade do tratamento que receberam. Ninguém gosta de ser maltratado, muito menos quem está pagando.

Quando se fala em atitude, fala-se de pessoas. Um colaborador sem preparo e sem comprometimento pode trazer grandes prejuízos para a empresa. Os colaboradores, que não são comprometidos com os objetivos da empresa para a qual trabalham, prestam um atendimento sem qualidade e sem a assistência necessária, tornando a experiência do cliente negativa, ao invés de **positiva e memorável**.

Para tornar o atendimento memorável e diferenciado, não basta sorrir para o cliente. É necessário suprir suas necessidades, oferecendo o produto ou serviço certo para o cliente certo. Tenho visto vendedores que empurram produtos, preocupados apenas em aumentar sua comissão no final do mês. Atitudes como essa também somam nos 68% dos motivos que fazem a empresa perder clientes.

Em pleno século XXI, por incrível que pareça, encontramos vendedores que não conhecem os produtos que vendem, e isso é lamentável para qualquer empresa. Mas as organizações têm ferramentas decisivas para mudar esse cenário: o treinamento, o desenvolvimento e a motivação dos colaboradores. Quanto mais preparados estiverem os profissionais, melhor será o atendimento. Pessoas motivadas tendem a atender com mais qualidade e surpreender os clientes. Sempre que estou em viagem, costumo andar muito e visitar boas lojas para sondar o atendimento ao cliente, de Norte a Sul nesse Brasil, e vejo que temos muito a melhorar. Nesta oportunidade, trago a vocês dois casos de atendimento que vivenciei: um negativo e um positivo.

> **1º caso:** no Rio de Janeiro, decidi comprar alguns produtos para deixar no frigobar do hotel e fui a um supermercado bastante conhecido e conceituado, que atua em quase todos os estados do país. Quando entreguei os produtos à atendente no caixa, ela me atendeu friamente, não perguntou meu nome, muito menos sorriu para mim – isso seria o mínimo que ela poderia fazer. Para sondar a situação, perguntei se as vendas estavam boas. Ela afirmou que sim. Então, fiz outra pergunta: onde estão os empacotadores? Ela informou que, além de sua função no caixa, tinha que empacotar os produtos. Isso acarretava uma grande fila e, para aquela profissional, excesso de trabalho e cansaço no final de expediente.

Vamos refletir um pouco sobre o caso acima: com objetivo de diminuir os custos com a contratação de pessoal, a empresa sobrecarrega a atendente, que é obrigada a acumular duas funções. A moça até poderia ter boa vontade, mas o excesso de trabalho a deixava irritada e indiferente com os clientes. O que deveria ser uma redução de custo para a empresa, torna-se um prejuízo, que pode ser facilmente constatado avaliando-se a insatisfação dos clientes com o atendimento. Dessa situação, surge uma pergunta: vale a pena investir milhões em propaganda e publicidade se o cliente, ao entrar na empresa, não tem o atendimento que esperava?

Tenho observado empresas com uma mídia publicitária bem elaborada, chamando atenção para suas promoções e mostrando alguns diferenciais mas, quando o cliente vai conferir *in loco*, não encontra aquilo que foi anunciado. Às vezes, até a promoção confere, mas a empresa se preocupa tanto em anunciá-las que se esquece de orientar os colaboradores sobre como proceder. Excelência no atendimento é fundamental. Não adianta focar apenas nos produtos e na propaganda, pois a realidade só é percebida no momento em que interagimos com as pessoas que trabalham na empresa, atendendo bem ou mal nossas necessidades e expectativas.

Portanto, aqui vai uma dica de ouro: não esqueça que o primeiro cliente da sua empresa é seu colaborador. Ele precisa estar informado, motivado e comprometido. Experiência positiva e atendimento memorável são fatores fundamentais para que se consiga conquistar e fidelizar os clientes.

2º caso: em Goiânia, visitando um amigo, saímos para passear no *shopping*. Geralmente, os produtos são um pouco mais caros quando vendidos em determinados *shoppings*, porque pagamos pela conveniência. O objetivo naquela tarde era só passear, assistir a um belo filme no cinema e bater um bom papo, colocando as ideias em dia. Porém, quando passamos na frente de uma loja de chocolates, uma moça bem bonita e preparada nos chamou a atenção. Primeiro, por sua beleza e elegância. Segundo, pela forma como nos abordou: "Bom dia, senhores, tudo bem? Me chamo Fernanda. Vocês gostariam de experimentar o nosso chocolate? Este aqui é um brinde, só para vocês sentirem o sabor. É delicioso e crocante. Nosso chocolate é produzido manualmente, mantendo a essência do cacau.

Essas frases soaram como música aos meus ouvidos. Fiquei com água na boca. Então, a moça perguntou os nossos nomes e deu a cada um de nós um pedaço de chocolate, em um lencinho de papel. Como gosto muito de chocolate, não pensei duas vezes. Provei, senti o sabor e comentei: "Este é delicioso! Podemos degustar outros?" Com muita educação, ela nos mostrou outros sabores. Só depois de um tempo, observei que, atrás de nós, uma moça estava fazendo uma cestinha com os chocolates que íamos provando e elogiando. Cada vez que falávamos que um chocolate era gostoso, a moça colocava produtos do mesmo tipo em duas cestinhas. Em certo momento, observei que as cestinhas estavam ficando muito cheias. "Já está bom" – falei, sorrindo. Parece até engraçado, mas ela veio até nós com um argumento poderoso: "Vocês têm bom gosto. Suas esposas vão adorar essas cestinhas cheias de chocolate." Neste momento, olhei para o meu amigo, sorrindo, e a vendedora – sempre com um belo sorriso no rosto – acrescentou que poderíamos parcelar em até três vezes aquele delicioso presente.

Eu não tinha a mínima intenção de comprar um chocolate, muito menos em um *shopping*, numa sexta-feira, longe da minha cidade mas, como fui surpreendido com aquele atendimento diferenciado e a experiência memorável, convenceu-me de que valia a pena levar a cestinha e surpreender minha esposa quando voltasse de viagem.

Podemos aprender várias lições com esse caso. Primeiro, que o bom atendimento começa na abordagem inicial. Muitos vendedores, focados e preocupados em vender e vender, de um modo imediatista, acabam esquecendo que o seu atendimento, na maioria das vezes, pode fazer toda a diferença, como fator primordial na hora da aquisição de um produto ou serviço.

A competência da vendedora também fez toda diferença. A eficiência, o entusiasmo, a polidez, a rapidez e a simpatia de quem atende são atitudes que geram no cliente uma sensação de conforto, conveniência, praticidade e satisfação, quando ele compra um produto ou serviço. Foi com esses requisitos que aquela vendedora me convenceu: eu me encantei com o atendimento. Tive uma experiência positiva e memorável.

Atendimento diferenciado e competente gera uma imagem positiva na mente do cliente, favorecendo o sucesso da empresa.

Seis dicas de atendimento para surpreender o cliente:

Cumprimente e sorria – Um simples "olá", "bom dia", "boa tarde" ou "boa noite", seguido de um sorriso, abre portas e a bolsa do cliente. Alegria, elegância e carisma são poderosos ingredientes da conquista. As pessoas querem carinho, gostam de receber atenção, e o sorriso é fundamental.

Chame o cliente pelo nome – "Meu nome é Fernanda. Qual é o seu?" Chamar o cliente pelo nome causa uma empatia maior. Dizer seu nome também aproxima ainda mais. Preste atenção à forma de tratamento: use o "senhor" ou "senhora" para as pessoas mais idosas e somente deixe de usar se o cliente pedir ou autorizar. Mesmo assim, nada de intimidade como "querida", "patrão", ou qualquer outro sinal que denote uma intimidade que não existe.

Ouça o cliente com atenção – Procure perceber, além das palavras, que sentimento ele está demonstrando naquele momento. Muitas vezes, você está realizando um sonho de consumo do cliente e não percebe isso no seu atendimento. Portanto, descubra qual sentimento aquele produto traz para seu cliente. Por exemplo, imagine a alegria dele ao comprar sua casa própria, depois de passar muitos anos economizando dinheiro para realizar este sonho. De hoje em diante, sempre que um cliente entrar na sua empresa, diga para você mesmo: "Uau, vou realizar outro sonho agora!"
Elogie seu cliente – As pessoas não têm o hábito de elogiar, muitas não sabem a força que tem um elogio. Ao atender um cliente, procure encontrar uma oportunidade de lhe fazer um elogio. Todos nós precisamos de uma "massagem no ego", de vez em quando. Mas preste atenção para não passar por bajulador. O elogio precisa ser verdadeiro e sincero. Um elogio bem feito terá um impacto positivo em seu relacionamento com o cliente.
Agradeça com alegria e satisfação – Faça seu cliente sentir vontade de voltar. Sempre com um sorriso enorme e sentimento de gratidão, agradeça mesmo se ele não comprar. Coloque-se à disposição para novas oportunidades. Agradeça por dar-lhe atenção. Mas agradeça realmente, de coração, porque, entre tantos concorrentes, ele o escolheu como vendedor e a sua empresa para realizar seu sonho.
Aprenda a propiciar momentos mágicos – Todo atendimento é uma oportunidade para você surpreender seus clientes com um atendimento mágico, magnífico, extraordinário. Para isso, saia do atendimento padrão, tente surpreender e encantar fazendo algo a mais. Faça o que ele não espera, algo que o encante. Lembre-se: ao atender alguém, você está vivenciando um momento único para mostrar seu potencial e seu profissionalismo.

Mais uma dica para fechar com chave de ouro

Sempre que um cliente entrar na sua empresa, encare esse momento como uma oportunidade para fazer uma super apresentação e dar seu *show*. Saiba que somos verdadeiros atores no palco da vida. O espetáculo ficará por sua conta e você verá que os resultados podem ser surpreendentes.

Sua criatividade, seu entusiasmo e sua vontade de atender o cliente de maneira diferenciada, especial, vão fazer com que ele se surpreenda vivenciando uma experiência positiva. Ele dirá "Uau!" e jamais se esquecerá desse momento mágico.

Mas não se esqueça: o seu desafio não termina aí. Quando você consegue conquistá-lo, sua vitória está apenas começando. A excelência no atendimento, ao longo do tempo, é que manterá o cliente constante e fiel.

Foi um prazer compartilhar estas dicas com você, prezado leitor. Em qualquer circunstância da sua vida, exercite a magia do bom atendimento. Receba meu abraço e fique com Deus!

17

Atendimento: uma experiência, um aprendizado aliado à tecnologia e tradição

Partindo de definição de organização, o artigo aponta para a importância de que as empresas tenham visão, missão e valores bem definidos, claros e objetivos, independentemente de seu porte. Aponta para a necessidade de organização e uso de ferramentas tecnológicas para a elaboração de um banco de dados que dê agilidade e fácil acesso a informações de clientes e fornecedores. Entretanto, não abre mão do tradicionalismo

Sueli A. Moraes

Sueli A. Moraes

Sueli Moraes, 48 anos, graduanda em Administração no Instituto Presbiteriano Mackenzie, atualmente é gerente administrativa no Buffet de Gastronomia funcional Well Be. Profissional com mais de 20 anos de experiência no mercado, já atuou em diversos segmentos sempre mantendo contato com clientes e fornecedores.
Na penúltima empresa em que esteve, aplicou um treinamento aos colaboradores sobre atendimento ao cliente onde prezou por um contexto da necessidade do conhecimento do cliente, do produto e da empresa, além de mencionar a importância do "falar a mesma língua" dentro da organização. Aposta na importância de um uso inteligente da tecnologia aliado ao atendimento tradicional do "olho no olho". Durante seu trajeto, se deparou com inúmeras queixas de clientes diante da mecanização/robotização do atendimento. Acredita nos benefícios dos avanços tecnológicos, porém pontua o cuidado que se deve ter com o possível distanciamento que esses podem causar. Percebe que hoje as pessoas quase não se falam e que muitas sentem falta deste falar.

Contatos
admsam.gc@gmail.com
(11) 98029-6197

Talvez parte do título cause estranheza. É possível ainda que de imediato não transmita sua real ideia, entretanto é esse o título para um tema que por várias vezes impacta o nosso dia a dia, em uma enxurrada de propagandas de *marketing* dirigido para uma ou outra finalidade de aquisição, seja de bens ou serviços úteis, sonhos de consumo ou consumo consciente.

Atingir o cliente, saber o que ele deseja fidelizá-lo a nossa marca, produto ou serviço.

Para tanto, é importante ter em mente o quanto o material humano ou "recurso humano" compõe a matéria-prima de qualquer organização.

Organização em si, em suas mais diversas definições, também aponta para um conjunto de materiais humanos, sejam eles seus idealizadores, colaboradores, prestadores de serviços, parceiros ou clientes.

Dentre as definições de organização, podemos citar Maximiano (1992): "uma organização é uma combinação de esforços individuais que tem por finalidade realizar propósitos coletivos. Por meio de uma organização torna-se possível perseguir e alcançar objetivos que seriam inatingíveis para uma pessoa".

Para Chiavenato (2014), "são unidades sociais (ou agrupamentos humanos), intencionalmente construídas e reconstruídas a fim de atingir objetivos específicos".

Ambos os autores citados indicam a organização como um conjunto de seres humanos agrupados com objetivos comuns, ou seja, toda organização tem como finalidade a realização de algo para alguém.

Desse modo, é fato que sempre haverá um ser humano envolvido no processo. Isso mesmo, uma pessoa, um indivíduo que aquém de suas qualificações, habilidades, competências e formação, é, antes de tudo, um ser humano.

Sendo assim, é preciso que as organizações consigam ter acesso a recursos humanos com competência de inter-relacionamento, pois, apesar de todas as inovações tecnológicas e fácil acesso a novos e modernos meios de comunicação, atrás de um monitor ou do outro lado da linha sempre há um recurso humano.

É isso mesmo, o apontamento aqui é o quanto as distâncias diminuíram com a modernidade tecnológica e o quanto simultaneamente aumentaram.

Atualmente transitamos entre a rapidez tecnológica e o conceito de solidificação do tradicional. A fidelidade a um conceito e o conceito da atualidade.

Ou seja, ser fiel a uma tradição que se aprimora e evolui gradativamente ou se engajar nas mudanças constantes e rápidas das inovações tecnológicas quase que diárias em um ritmo frenético?

Para mantermos um cliente hoje precisamos estar atentos e adequados às rápidas mudanças, entretanto nosso diferencial pode estar localizado justamente em um ponto de tradicionalismo cultuado em épocas onde a tecnologia ainda era menos presente.

A tradição não precisa virar as costas para a tecnologia e esta, por sua vez, deve servir à tradição de forma racional e inteligente.

Para que possamos atingir a variados públicos, precisamos ter especialista em atendimento, precisamos profissionais aptos a se relacionar.

É importante para as organizações manter em seu time pessoas que se identifiquem com o conceito, com a missão, com a visão e com os valores destas.

Para estar apta a selecionar tais profissionais, é de suma importância que as organizações se reconheçam como tal, ou seja, reconhecer-se como empresa aquém de seu porte, número de colaboradores, espaço físico, ramo de atividade, ou quaisquer outros itens que a componha, isso inclui inclusive a relevância de ser ou não familiar.

Muitas empresas, principalmente as de menor porte, acabam misturando a dinâmica organizacional com a pessoal e isto dificulta a profissionalização do ambiente.

Tal qual em uma junção de amigos com um objetivo comum – aqui podemos apontar como exemplo as famosas bandas de garagem, ou a junção de familiares para levar adiante um negocio de tradição familiar (como por exemplo, negócios agropecuários ou comércios), ou mesmo a iniciativa familiar de trabalhar suas habilidades e montar um negócio com objetivo de ganhar dinheiro – o importante para uma organização é que o seu objetivo seja claro e com foco comum entre seus idealizadores para que seu desenvolvimento tenha características profissionais.

Essa colocação se baseia no fato de que toda organização é formada por seres humanos e todos têm seu jeito de ser, seus sentimentos próprios e prestam serviços ou produzem bens para outros seres humanos que esperam ter suas necessidades ou desejos satisfeitos.

Desse modo, é importante ter clareza na gestão do relacionamento interno da organização para poder passar essa objetividade ao cliente e, assim, conquistá-lo e fidelizá-lo.

O relacionamento interpessoal com um cliente requer entender o que ele precisa e ter habilidades e competências para satisfazer ou superar suas expectativas com profissionalismo.

É preciso entender aqui que essa relação é profissional. Os sentimentos envolvidos são o desejo do cliente em consumir ou adquirir um bem ou serviço a um valor justo (e isso não necessariamente reflete preço) e a satisfação profissional de quem disponibiliza seus bens ou serviços para este consumo com o objetivo de lucrar e se realizar profissional e financeiramente, disseminando suas habilidades e competências.

A ótica do relacionamento deve seguir essa linha de raciocínio e, por isso, é necessário que os colaboradores de uma organização falem todos a "mesma língua", dos mesmos objetivos, com a mesma visão, mesmos valores e que acreditem na missão da instituição que representam.

É primordial que as organizações sejam transparentes e objetivas com seu primeiro cliente que é seu time de colaboradores (funcionários) que representam seu principal cartão de vista.

Do operacional ao mais alto cargo de executivos, os colaboradores são o time que mostrará a identidade da organização, propagando sua missão, seus valores, seus conceitos, enfim mostrará a "cara" da empresa para o mercado e para seus clientes finais.

Para que haja confiança, interesse e conhecimento por parte dos colaboradores, o passo inicial é a transparência na comunicação interna das organizações. A partir desse passo de transparência, seguido da transmissão de segurança, aliada a suporte técnico operacional ofertado por parte da organização a seus colaboradores, essa automaticamente já tem em mãos um grande diferencial de capacitação para que esses reflitam sua segurança e satisfação com seu ambiente de trabalho de forma automática na propaganda voluntária dos serviços prestados ou bens produzidos pela instituição.

Quando a organização preza pelo bem-estar de seu colaborador, vendo nele seu primeiro cliente, o fideliza e, por meio dessa fidelização que o funcionário tem com a instituição, ele propagará seu conhecimento e confiança nos produtos e serviços cativando clientes fieis, que sentirão a mesma confiança e conforto em adquirir bens e serviços de uma empresa que transparece o bem-estar e admiração de seus representantes.

Como em um efeito dominó, essa prática tende a se multiplicar positivamente e, utilizando jargões populares como: "a propaganda é a alma do negócio" ou "nada melhor que a divulgação boca a boca", temos um crescimento dos relacionamentos interpessoais, ampliação de carteira, fidelização e, consequentemente, aumento dos lucros da empresa.

Por fim, as organizações não podem esquecer-se da necessidade de constantes atualizações e adequações às inúmeras novidades do mercado. É preciso conhecer bem a concorrência e estar atentas às necessidades do seu público-alvo.

De modo geral, as técnicas de relacionamento com o cliente requerem um conjunto de práticas tradicionais de contato humano aliado à tecnologia de ponta que disponibilizem ferramentas que tornem ágil o conhecimento de informações gerais dos clientes, fornecedores, parceiros, disponibilidade de estoque, concorrência e mercado como um todo.

O primordial para qualquer organização é justamente ser organizada, ser transparente com seus clientes e procurar investir em atualizações, modernização e reciclagens técnicas de seu material humano (colaboradores), que representa seu negócio frente a seus clientes.

Grandes empresas em seus treinamentos contam como surgiram, qual seu objetivo, de onde saíram, onde estão e onde ainda pretendem chegar, mostram sua evolução passo a passo, ou seja, se apresentam, mostram quem são e a que vieram.

Lembre-se, independentemente do tamanho de seu empreendimento, o importante é confiar, acreditar, ser transparente e apresentar seu negócio a seu colaborador com a paixão que o levou a criá-lo. Mostrando-o dessa forma, ele será refletido e consequentemente irá cativar seus clientes.

As técnicas são inúmeras, entretanto a maior dica é falar do seu negócio apresentando-o pela sua ótica, como seu sonho materializado. Conquiste seu primeiro cliente que é seu time de colaboradores e, assim, passo a passo vá garantindo uma cadeia de conquistas que formará sua carteira de clientes.

Crie especialistas em atender bem em todas as áreas de seu empreendimento e utilize os conhecimentos de cada um para enriquecer sua criação.

Referências

CHIAVENATO, IDALBERTO *Administração: teoria, processo e prática.* 5ª ed. Barueri: Manole, 2014.

MAXIMIANO, ANTONIO CESAR A. *Introdução à administração.* 3ª ed. São Paulo: Atlas, 1992.

18

Quem encanta seus males espanta! A arte de criar uma relação criativa com o cliente

Atendimento ao cliente é uma arte que "fia" todos os departamentos e colaboradores da empresa e, cada ação apresentada, deverá propiciar uma experiência positiva e criativa na arte de atender o cliente, que impulsionará resultados incríveis aos negócios, frente a um mercado competitivo e de grande concorrência

Tiago Aquino da Costa e Silva (Paçoca) &
Alipio Rodrigues Pines Junior

Tiago Aquino da Costa e Silva (Paçoca)

Membro do LEL - Laboratório de Estudos do Lazer – UNESP/ Rio Claro. *Member of the World Leisure Organization*. Sócio-Fundador da Associação Brasileira de Pesquisa e Pós-Graduação em Estudos do Lazer. Presidente da Associação Brasileira de Recreadores. Autor de livros na área da Educação Física, Educação e Gestão. Diretor da *Kids Move* Consultoria e da Entretenimento SP. Palhaço Profissional (DRT 0040872/ SP). Consultor em Empresas. Palestrante Internacional.

Contatos
www.professorpacoca.com.br
pacoca@professorpacoca.com.br
Redes Sociais: Tiago Aquino Paçoca / @tiago_pacoca
(11) 97673-4671

Alipio Rodrigues Pines Junior

Graduado em Lazer e Turismo – USP. Especialista em Organização de Eventos Esportivos - Faculdade Pitágoras. Mestre em Ciências no Programa Ciências da Atividade Física - USP. Membro do Grupo Interdisciplinar de Estudos do Lazer (GIEL/USP/ CNPq). Membro da junta diretiva da Rede Ibero-Americana de Animação Sociocultural (RIA) - Nodo Brasil. Coautor de livros na área da Educação Física, Educação e Lazer. Pesquisador em Lazer e Entretenimento.

Contatos
alipio@usp.br
Redes Sociais: Alipio Rodrigues Pines Junior
(11) 94398-6334

Atendimento ao cliente não é um sistema funcional de pessoas que ficam à disposição para "apenas" atender e solucionar os seus respectivos problemas emergenciais, ou algo automatizado de atendimento por telefone, bem como um site com "SAC – Serviço de Atendimento em Crise". Atendimento ao cliente é uma arte que "fia" todos os departamentos e colaboradores da empresa e, cada ação apresentada, propiciará uma experiência positiva e criativa na arte de atendê-los.

A relação interpessoal que envolve o colaborador de uma empresa e o destinatário de produtos, ideias ou serviços dessa organização constitui o atendimento ao cliente (PILARES, 1989).

Um excelente atendimento ao cliente impulsiona resultados incríveis aos negócios, agregando vantagem competitiva frente a um mercado frenético e caótico. As experiências que envolvem esse atendimento devem acontecer desde o primeiro contato do cliente com a empresa/colaboradores.

A globalização e as condições atuais do mercado, como a alta competitividade corporativa, os avanços tecnológicos e a expansão das técnicas de gestão exigem que as empresas estejam cada vez mais atentas aos processos eficientes de atendimento às pessoas que dinamizam o mundo dos negócios – os clientes.

Atender bem os clientes não é apenas oferecer um serviço e/ou produto com qualidade, mas é preciso adequar às necessidades, aos desejos e aos interesses dos mesmos em ações proativas e geniais, superando assim as respectivas expectativas.

A sobrevivência de uma empresa no mercado dependerá do cultivo de um elenco de colaboradores ativos a operarem, por meio de técnicas de gestão, o sistema de excelência proposto para atender o cliente, buscando a satisfação (suprir suas necessidades), fidelização (torná-lo fiel à empresa) e encantamento (atingir alto nível de satisfação a fim de ser meio disseminador da marca).

Para Barros (1991), o grande diferencial estratégico está nas pessoas que processam o atendimento aos clientes. Para conseguir este diferencial, o profissional deve ter habilidade no relacionamento e na comunicação com eles, minimizando o desgaste natural do atendimento. Os produtos e serviços estão cada vez mais semelhantes. O diferencial competitivo está na forma como o cliente poderá adquiri-los, ou seja, através do atendimento.

Somente empresas centradas nos clientes são capazes de construir clientes, não apenas produtos, e são hábeis em engenharia de mercados, não apenas em engenharia de produtos (KOTLER, 2000). As empresas podem conquistar clientes e superar a concorrência realizando um melhor trabalho de atendimento, satisfazendo as necessidades deles. Fazer certo da primeira vez, em todos os requisitos necessários, é a maneira mais fácil de moldar a imagem positiva, satisfazê-los e conservá-los, para Monteiro (2011).

As necessidades dos clientes mudam e evoluem constantemente. A empresa deverá antecipar-se a essas mudanças para ter as vantagens competitivas. Os investimentos nessas atividades produzirão retornos substanciais à corporação (CROSBY, 2001).

Relacionar-se com os clientes é uma habilidade estratégica fundamental às empresas, antecipando e prevendo suas necessidades e vontades frente ao seu negócio.

Para Monteiro (2011), existem alguns motivos que favorecem o direcionamento das empresas para o incentivo e reorganização das ações voltadas ao atendimento ao cliente. São eles:

- Aquisição da vantagem competitiva duradora e sustentável;
- Garantia de sobrevivência, bem como estabelecimento de condições favoráveis ao crescimento e ao desenvolvimento da empresa;

- Fidelidade dos clientes, uma vez que suas expectativas e necessidades se tornam alvos. Assim, a organização empenha seus esforços e vigor;
- Encantamento do cliente por inovações nos produtos e necessidades até então desconhecidas por ele próprio;
- Aumento da lucratividade, das vendas, do mercado, bem como redução de custos da não qualidade.

É importante ressaltar que a tônica do mercado, em um futuro próximo, está voltada aos serviços. Isso porque produtos são lançados e aperfeiçoados constantemente, com inúmeras marcas e variações de preços, o que ressalta ainda mais a importância dos serviços. Através deles, surgirão os diferenciais, os aspectos positivos, que tornarão os consumidores adeptos ao consumo de determinados produtos (KOTLER, 2000).

Uma das alternativas eficientes para um atendimento ao cliente é apostar no *marketing* experimental, o qual é utilizado para denominar um novo método que tem como objetivo atingir o consumidor de forma mais emocional por meio de experiências, geralmente induzidas, para Silva e Tincani (2013).

Tenha o melhor elenco

O processo de seleção dos profissionais a estarem no elenco é um momento especial para a empresa. As qualificações técnica e acadêmica são sinais de uma boa formação profissional, mas não podem ser o ponto central da seleção. O profissional de excelência deverá ter exímias habilidades e competências, uma grande paixão pelo que faz e a proatividade em querer ser melhor a cada ação realizada. Assim, você terá um elenco "pronto" a atender, com excelência, os clientes. Todas as pessoas são fundamentais para a "engrenagem do sucesso" funcionar.

Calma! Um cliente por vez

O desejo de "abocanhar" muitos clientes de uma vez só pode

ser uma verdadeira armadilha para a empresa que escolher essa estratégia. É preciso ter processos "quase que personalizados" ao atendimento de cada cliente, visando à máxima satisfação, fidelização e encantamento. Atualmente, com as mídias e redes sociais, cada cliente insatisfeito pode representar uma campanha viral negativa para seu negócio.

Os grandes profissionais

Os grandes profissionais fazem parte de um elenco de sucesso e vice-versa. Eles vão ao trabalho apoiados no amor que têm pela carreira escolhida, dispostos a realizar suas tarefas com excelência e na busca incansável de superar os objetivos planejados. Os profissionais são ricas fontes de inspiração e buscam, com entusiasmo e dedicação, soluções para os problemas laborais do dia a dia.

Conectividade já!

A conexão aqui desejada não é somente a virtual, mas aquela que interconecta todos os departamentos/setores da empresa, como uma grande comunidade onde todos os elementos estão conectados e interdependentes. Cada processo realizado na rede deve ser de excelência – sem falhas, caso contrário, a conexão sofrerá interferências negativas, causando problemas no atendimento ao cliente.

De cima para baixo!

A organização que prioriza a excelência em atendimento ao cliente deverá adequar processos eficientes que são realizados em todas as suas camadas hierárquicas. Num sistema vertical, de cima para baixo, os colaboradores são influenciados pela gestão em atendimento sustentável e duradoura realizada pelo alto escalão da empresa. Assim, os líderes deverão ser espelhos positivos aos seus liderados.

Ofereça sempre a mais

A antecipação às necessidades dos clientes trará vantagem competitiva à empresa. Uma das melhores maneiras dessa ação acontecer é escutar e observar os clientes interagindo com os serviços e produtos da sua empresa. Essa observação permitirá criar estratégias que têm por objetivo superar as expectativas do cliente com seu negócio. Se deseja A, vamos oferecer A + B.

Eles querem compartilhar

É fundamental que os colaboradores estejam sensíveis a escutar seus clientes. Saber ouvir e transformar o que ouviu em ação é um dos segredos do atendimento. Cada informação oferecida é fundamental para a avaliação dos serviços prestados e para elaborar estratégias que acionem, de forma positiva, o engajamento e a fidelização do cliente com a empresa. Nem sempre ouvir críticas ou *feedbacks* negativos é fácil, mas são ricas fontes de oportunidades. A maior fonte de inovar é saber o que o mercado pensa.

Não tropece nas pedrinhas!

O peregrino não tropeçará na montanha, e sim nas pedrinhas existentes no caminho do seu destino. Portanto, esteja atento aos detalhes. Para Cockerell (2013), a empresa de excelência deverá reconhecer os seguintes fundamentos: limpeza (organização do espaço para receber o cliente), aparência pessoal (deve estar de acordo com a imagem que deseja ser projetada a eles), comunicação clara (as habilidades de comunicação são vistas como uma medida do seu profissionalismo, apresentando sinais de inteligência, preparação e caráter), consideração (dar a importância devida a cada cliente e suas respectivas necessidades e vontades) e conhecimento (sabedoria para reconhecer as tarefas e fornecer as informações necessárias).

Antes do jogo, treine muito!

Assim como as equipes desportivas de sucesso, o treino e o ensaio são fundamentais para que os processos e as pessoas estejam habilitados a atender o cliente. Uma das grandes estratégias realizadas no mundo corporativo são as simulações. Ao inverter os papéis, os colaboradores estarão atentos aos detalhes e aos *feedbacks* de suas funções técnicas e profissionais.

Fazer sempre o diferente

As empresas precisam buscar soluções para as adversidades encontradas em sua rotina. Atender bem os clientes é um dos caminhos para a prosperidade corporativa. Entretanto, é preciso apresentar indicadores de desempenho que sejam eficientes e diferentes do que os concorrentes já fazem. Os indicadores podem ser: uma nova rotina de atendimento, uma inovadora campanha publicitária, uma organização espacial da empresa a fim de estar mais confortável e agregadora, e outros. É preciso pensar a cada dia em novas estratégias de atendimentos. Antecipação e previsão são palavras-chave para esta etapa.

A harmonia, a comunhão dos colaboradores e as empresas darão a energia necessária para atingirem as metas na busca de um atendimento ao cliente de excelência.

Referências

BARROS, C. D. C. *Qualidade & participação: o caminho para o êxito*. São Paulo: Nobel, 1991.

COCKERELL, L. *A magia do atendimento*. São Paulo: Saraiva, 2013.

CROSBY, P. B. *ISO 9000: além da certificação*. São Paulo: Philip Crosby Associates, 2001. KOTLER, P. *Administração de Marketing: a edição do novo milênio*. 10. ed. São Paulo: Pearson Prentice Hall, 2000.

MONTEIRO, E. N. R. *Qualidade no atendimento ao cliente: um estudo de caso da Paracatu Auto Peãs Ltda – Paracaty/MG. 2011. 101f. Monografia (Bacharelado em Administração)* – Faculdade Tecsoma; Minas Gerais.

PILARES, N. C. *Atendimento ao cliente: o recurso esquecido*. São Paulo: Nobel, 1989.

SILVA, M. A.; TINCANI, D. P. *Características e componentes do marketing de experiências: análise das ações realizadas pelo Itaú Unibanco no Rock in Rio 2011. Rev. Científica Eletrônica UNISEB*, Ribeirão Preto, v.1, n.2, p. 147-161, ag/dez.2013.